存量时代

提升企业效率的五个密码

优米网 编著

中国出版集团
中国民主法制出版社
全国百佳图书出版单位

图书在版编目（CIP）数据

存量时代提升企业效率的五个密码 / 优米网编著．—
北京：中国民主法制出版社，2022.2
ISBN 978-7-5162-2765-7

Ⅰ．①存… Ⅱ．①优… Ⅲ．①企业管理 Ⅳ．
① F272

中国版本图书馆 CIP 数据核字（2022）第 014987 号

图书出品人： 刘海涛
出 版 统 筹： 石 松
责 任 编 辑： 张 婷

书　　名 / 存量时代提升企业效率的五个密码
作　　者 / 优米网　编著

出版·发行 / 中国民主法制出版社
地址 / 北京市丰台区右安门外玉林里 7 号（100069）
电话 /（010）63055259（总编室）63058068　63057714（营销中心）
传真 /（010）63055259
http: // www.npcpub.com
E-mail: mzfz@npcpub.com
经销 / 新华书店
开本 / 32 开　850 毫米 ×1168 毫米
印张 / 5.5　**字数** / 80 千字
版本 / 2022 年 3 月第 1 版　2022 年 3 月第 1 次印刷
印刷 / 北京天宇万达印刷有限公司

书号 / ISBN 978-7-5162-2765-7
定价 / 32.00 元

目录

下部　提升企业效率的实操方法

序言

卫哲这块“钢”到底是怎样炼成的

王利芬

2016 年，优米网在筹备“赢在中国·创始人特训营”线下培训时，想找一位院长。在我心里，这个人一定要有系统管理企业的实践经历，最好是成功操盘过企业的，而不只是一个企业管理的参与者。因为作为企业管理的一把手，与参与者相比，其决策难度和复杂性并不是一个量级的。众所周知，驾驭企业的难度不仅有认知上的瓶颈——当然这也是众多企业家的拦路虎，可最大的难度还在于如何将认知化作实际操作。其实这两种人才都很宝贵，仅把其中一项做好就已不易；而能把两种能力完美地集于一身，那更是难上加难的事情，但少数优秀企业家往往两种能力兼具。这就是为什么他们成为当今社会稀缺型人才的原因。

在这些企业家中，大部分人并没有分享这一智慧的强烈愿望；有的倒是有这个愿望，但这种分享往往还需要归纳总结及提炼方法的能力。故而，有丰富认知和操盘经验，有分享愿望，有能力归纳总结并从中找到解决方案的人，就少之又少了。

创始人多半形成的是散点性思维习惯，他们有让一件事情从无到有的能力，但是缺乏让这件事情变得成规模并持续发展下去的方法，而这正是可以通过培训弥补的。即便创始人自己难以被培训出这样的能力，但通过培训，可以让他们找到拥有这种能力的人。

当"赢在中国·创始人特训营"要找一位院长时，不知怎的，我脑海里第一时间涌现出来的人物就是卫哲。其实那时我还不认识卫哲，很遗憾，我在媒体从业十五年，其间与他并无交集。记得是在 2011 年，有一次我跟马云通电话，他说起阿里巴巴 B2B（一种企业与企业之间的电子商务模式）业务的两位高层辞职的事情时，提到过卫哲这个名字。从当时马云谈起这件事的语气判断，我觉得事情不小，后来通过新闻才明白始末原委。通过这件事，我第一次听说了卫哲的名字，知道他是继关明生之后，阿里巴巴 B2B 业务的一位关键人物，而且他是在 2007 年阿里巴巴在香港上市前这个节点加入进来的。看了卫哲的工作背景后，不禁令人佩服马云在公司的每个发展阶段都用了最有能力的人。后来有机会听过卫哲的一次发言，这让我非常兴奋。卫哲不仅普通话讲得不错，而且条理极其清晰，更重要的是他很善于归纳总结，在把握听众心理与表述恰当性上都是一流的。

这样的人太适合培训企业家了！于是，我就开始约他见面。

我记得见面地点在北京国贸三期，约的是晚上八点。当时我的创业状态是一团乱麻，总有忙不完的事。那天从公司开完会，我急急忙忙冲出办公室后，几乎是抢着才挤上了下班高峰期的电梯。当我快步跨进国贸三期的咖啡厅时，抬头一看，卫哲正对着咖啡厅门口坐着，我一进门他就看见了我，当然我也看见了他，基本上可以说是四目相对。我下意识地看了眼手机上的时间，一分不差正好八点。我心里咯噔了一下，首先，是我约他，出于礼貌，我应该早两分钟来等他；其次，他的守时和一丝不乱跟我的仓皇形成了极大反差。我急忙在他对面坐下，抱歉地说没能早点赶到。他说他也是飞机刚落地。可在我看来，他一点也没有刚从飞机上下来的感觉，脸上不见一丝旅行的疲劳，乌黑的头发每一根都梳得整整齐齐，一律向后，袖口领口一尘不染，眼镜后面的目光锐利而深邃，衣着与他的发型很协调。

一交谈我就发现，卫哲的思维转得飞快，并且用词极妥帖。

我有好长时间没有面对这样的人了。我创业初期的交际大都在一种粗糙和简单的语境下，就像我曾经在央视《经济信息联播》栏目直播前三个小时的状态一样，用词极短，都是“可以”“不行”“拿掉”“抓紧”这些字眼儿，基本上不是一种正常的人际交流。有一天，我在某视频网站看到一个关于我的人物视频，发现自己的创业状态十分潦草和简陋，连我自己看着都觉得陌生，也不喜欢，但人在那个状态待的时间长了，自己是不知道的。坐在我面前的卫哲与我的状态可以说是天差地别，他所说的每一句话似乎都是在天平上称了一下才表达出来。我迅速调整好状态，特别是将思维调整到深度访谈状态来与之相对应，因为稍不留神，我就会接不住他的话而显得有些弱智。后来我们熟稔了，我直接问他有什么缺点时，他其实很清楚地意识到了自己给别人的这种感觉。

那天，卫哲的座椅后面有一根深色的圆柱，在头顶射灯明亮光线的映射下，他有些像话剧舞台上的一个角色，这个角色应该是总经理，抑或是银行行长——跨国银行的。我回忆起马云曾经说过的一个场景，当年他面试阿里巴巴前总裁关明生时，看到关明生办公桌上每支铅笔都削得尖尖的并整齐摆放，他就觉得这是一个可以跟他的能力和习惯互补的人才。

其实，卫哲也是这样极有条理的人。

那次交流后，卫哲成了“赢在中国·创始人特训营”的院长，而且有两次开学典礼都是在他上海典雅精致的会议室里举办的，嘉御资本为学员们准备了咖啡、红茶、水果、点心等，十分周到。草根创业的学员们不仅在课堂上接受他的系统化管理思维训练，也在一个布置精心、陈设考究的环境里受到了一种精细化环境的熏陶。

“赢在中国·创始人特训营”的课每次都不过三十多人来听，课上得酣畅淋漓，特别是课程后半段，学员们会就管理实操中的难点跟卫哲进行热烈讨论，这让他们更能将课程所学与自身实际问题结合。每每与卫哲近距离交流下来，学员们都有醍醐灌顶之感，那种学到了干货的兴奋神情让人感动。每一堂课我都在现场，一是我也需要学习；二是课程需要我总结。只是这样的机会仅有少部分人才有，于是我就想让更多的创业者学习到卫哲在课堂上讲授的这些商业精华。

2020 年初暴发的新冠肺炎疫情让中国经济雪上加霜，2020 年 5 月底召开的全国“两会”甚至无法制定出全年的经济增长目标，本已下行两年多的经济形势更是难见曙光。在如此严峻的大环境下，创业者们面临的困难是空前的。

疫情期间，我记得卫哲曾在优米课堂上讲过《存量经济时代企业效率的重要性》这么一节课。所谓存量经济时代，说的就是经济发展不再增长而是下滑的年代，在这样的年代里，企业是否有效率更显重要，或者说更能救命。于是，我决定放下手中的其他事情，将卫哲在“赢在中国·创始人特训营”的三次讲课和讲话内容，以及我们两次近三个小时的对话进行了梳理，把那些真知灼见总结出来，希望让更多没能在现场上过课的创业者和管理者们受益。

在梳理卫哲的管理实操方法时，我常常想，作为一名普通的大学毕业生，为何他能具备从方法到实践的能力，这样的能力又是如何练就的呢？通过这个知其所以然的过程，回溯和了解卫哲这块“钢”在淬炼过程中的配方和步骤，也许会帮助我们更加懂得他所讲课程的价值所在。

卫哲 1993 年毕业于上海外国语大学，这是全国上百所“211 大学”中的一所。1978 年到 1993 年，我国的毕业大学生总数有 600 多万人。这 600 多万名毕业生所经历的年代，正值中国改革开放的上升期，国家急需各类人才，与国家需求和当时的人口基数相比，这些大学生弥足珍贵，那个时代的天之骄子们，在一个基本相同的历史舞台上实现了其生命价值。

站在当下看，1993 年毕业的大学生基本都过了 50 岁，人生上半场的结果已清晰可见。除了家庭与成长环境不同，构成他们今天人生状况迥异的原因，大多源自人生道路上的不同选择和其后所经受的历练。

卫哲出生于上海，20 世纪 90 年代中期前中国的一线城市中，对于从商的人来说，上海当然比北京更有优势。卫哲出生在一个知识分子家庭，父亲是上海建工集团的总工程师，母亲是中学老师，这样一个高知家庭给予卫哲的言传身教是不言而喻的。从出生地和家庭来看，卫哲的起点的确很高，但这是他的运气，不是他的选择。

出生在这种家庭的大学生并非都有卫哲今天具备的能力，在日复一日的生活打磨中泯然众矣的人太多了。因为，就人才成长而言，有比出生地和家庭状况两个选项更重要的因素——除了社会大趋势这个因素外，那就是人生关口的重大选择和选择后的行为。如果说，刚刚走出校门的大学毕业生是一块原生矿石，那么他选择的机构和职业就是日后打磨、冶炼他的炉子，而炉子对于人的成长显得十分关键。我们来看看大学毕业后卫哲本人做出的一系列选择。

先看职业选择。卫哲从上海外国语大学毕业后，选择了加入上海万国证券公司，这家公司是他的校友管金生创办的。卫哲在校所学专业是国际商务管理，所以从商应该是早就想好的志向，但从商是个大方向，若要细分起来可选择的点很多。选择上海万国证券公司让卫哲进入了金融行业，这是一个大的职业方向。

他的这位名叫管金生的校友，是 20 世纪 80 年代金融圈里的名人，可以说是时代弄潮儿。管金生为了创办一家具有国际竞争力的证券公司，曾经去上海各所著名大学巡回讲演，希望招到英语好的高校毕业生。上海外国语大学作为管金生的母校，他肯定会去，而且管金生在这里度过了七年时间，其讲演激情可想而知。

管金生是 20 世纪 60 年代“文革”前最后一批考进上海外国语大学的学生，本对法国文学感兴趣，毕业十几年后的 1982 年，他还回到母校再次就读并获得法语硕士学位。但不久，他改行进入上海国际信托有限公司，然后被选送到比利时布鲁塞尔自由大学深造，成为法学、工商管理双料硕士，加上上海外国语大学的文学硕士学位，他一共获得过三个硕士学位，可以说其学习能力超强。管金生 1947 年出生于江西省清江县（现樟树市）一个贫苦农民家庭，从小贫寒就与他相伴相随，因此读书成为他摆脱贫穷、出人头地最有效的途径。管金生不仅会学习，而且识别机会的嗅觉极其灵敏，再加上敢冲敢拼的性格，这让他甫一起步就不同凡响。

1988 年，中国对于资本市场是十分陌生的。管金生不仅预见到了证券交易在中国的势在必行，并且在这一年创办了上海第一家证券公司——上海万国证券公司，这比1990年底开张的上海证券交易所和深圳证券交易所早了两年。

在那个年代，能取得这样的成果有“瞎猫碰上死耗子”般的运气，但管金生不是。1988年初，邓小平视察上海，在征求上海各界对振兴上海的真知灼见时，他提出把上海外滩建成“东方华尔街”的构想。管金生是否属于社会各界的代表不得而知，但当他得知邓小平的这一构想后，兴奋得两眼放光，他比别人更清楚邓小平在中国的分量，预测到邓小平的这个构想一定会变为现实。当时，甲型肝炎在上海流行，让人担惊受怕，但管金生却激动得夜不能寐，热血沸腾，脑海里萦绕不去的是他在“东方华尔街”这一景象中所能抓住的历史性新机遇。

于是，管金生向上级请缨，力陈建立中国证券市场十分之必要，并开始了紧张的筹备。1988年5月，经中国人民银行总行反复讨论，原则上同意上海组建一家股份制的证券公司。1988年7月，由上海国际信托投资公司等十家股东筹资3500万元人民币成立的中国第一家股份制证券公司——上海万国证券公司开业，41岁的管金生出任公司副董事长、总经理。他这种抓住先机的能力和行动力，在当时的中国少有人可比。

1993 年卫哲加入时，上海万国证券公司已经创办五年了。那时上海万国证券公司刚在 1992 年底完成与李嘉诚的合作，收购香港上市公司，完成了大陆证券公司对境外企业的首次收购。1993 年是管金生的人生高光阶段，在证券交易的一级市场和二级市场他都是主角，“证券教父”的名号在业界被叫得山响。彼时，管金生与申银证券总裁阚治东、上海证券交易所总经理尉文渊并称为“上海滩证券三猛人”，这个猛不是一般的猛，跟他打交道的下级需要将自尊心揣进口袋才敢走近了和他说话。

一般来说，一个大学毕业生刚到一家机构，与“一把手”打交道的机会极少，但卫哲在上海万国证券公司的职位恰恰是管金生的秘书。如果说金融行业是他人生选择的大定位，那么具体的岗位或职位则更为重要——这也是熔炉的关键所在。

就这样，给“证券教父”当秘书成了卫哲的第一份工作。

所谓秘书，就是老板在他就得在；老板不走他也不敢走，而且得随叫随到，让做什么就得做什么，这些是秘书必须具备的。但是，不顺心时张口就骂、顺手就摔东西的老板却是职场上少有的，管金生就是这样的老板。这就是卫哲这块原生矿石经受“冶炼”的第一座熔炉。

在我跟卫哲的对话中，曾经谈到过这段经历，我尽量原封不动地抄录如下：

王利芬：管金生是你的第一个老板，他肯定是你的贵人吧？

卫哲：他对我这么狠，一度我认为他是小人。

王利芬：（管金生对你）能狠到什么程度？

卫哲：他把我写的报告直接往我脸上扔。他也不是有意扔向我，就是我站在门口，他直接把报告往那儿扔。他说，你还是大学生呢，这么多错别字！

王利芬：这个激起的仇恨应该是很大。

卫哲：他有很多秘书熬不下去，干几个月就走了，就我干的时间特别长，走时他还特别舍不得我。

王利芬：他是真的往你脸上扔吗？

卫哲：没扔准。他才不管你是谁，喝口水你把他烫着了，他也会骂：水都不会倒，大学生这么懒。但后来，我其实也理解他了。第一，他的工作压力大，需要有个宣泄的地方，其实作为老板不能这么做。后来我还提醒自己，等我当了老板绝对不可以这样，所以我的秘书现在的工作，不难，我没那么大的脾气。我做过管金生的秘书，他有多少工作量我最清楚，特别理解他。第二，我觉得他是对事，并不是对人。我刚才说倒水的例子，他情绪好的时候，真的不把它当回事，情绪不好的时候就把它当回事。两种情况我都看到了，就特别理解他。

我在接受采访时说过好多次，第一个老板就是我最大的“磨刀石”，我这把“刀”第一次出鞘就碰到一块特别牛的“磨刀石”。我当时说，老板可以因为这件事骂我，但我绝对不能再犯同样的错误，我不给他任何骂我的理由。就拿给他倒水这事来说，倒水真的是一门学问，我不可能让他把水喝干后再倒，我会先判断茶杯里还剩多少水。加水的时候，如果他杯子里面剩下很少的水，全加满肯定烫，所以得想办法。倒水的事情他只说过我一次，从此他再发火，在倒水上就找不着理由了。可我总不见得什么都做得很好，于是他就得找别的理由。如果纠缠在这么一件事情上，那就真是没事找事了，我们老板不会这样。

我不给他冲我发脾气的理由，把疏漏一个个都填补上，到最后他就实在找不着理由了。在这个过程中，其实我在不断进步。比如，我写篇稿子，一开始被他圈圈画画后扔出来，他会说，什么东西，狗屁不通，错别字那么多。没关系，第二次我就真的让他改得少一点，我觉得他还愿意帮我改，挺好的。最后一次，他一字不改，画个圈说，就按小卫说的办。我觉得我成长了，连续几次我写好递进去的东西，他都一字不改，你想我是什么功力？那就是总裁的功力。给总裁写报告，总裁一字不改，多了不起。

后来我想明白了，一个秘书替老板写报告，怎么可能一稿写得出来？如果水平这么高，那我不就是总裁了？想明白这件事就很高兴，这是我二十几岁时想明白的。

王利芬：如果你当时受不了，就说“你这样我还不伺候了，我走，难道我找不到一碗饭吃吗”，结果会怎么样？

卫哲：我当时也是这么想的，不过那肯定得是他炒掉我，他炒掉我，我还有一碗饭吃，但是我干吗辞掉他？这么严厉的老师哪儿去找？

王利芬：你当时真想通了这个问题？

卫哲：当然。在倒水这事上他不是我的老师，但至少让我懂得了人情冷暖。他把我写的报告扔出来，我就不当回事，因为我只是一个秘书。他的另外一个秘书，扭头就辞职不干了。

王利芬：对啊，因为这种羞辱一般人受不了。

卫哲：但是我认为，我报告写成那样他还帮我改了，多了不起。这个跟大学里老师批考卷的道理是一样的，并且他还是帮我逐字逐句地修改。

王利芬：所以那时候你真的没有想过要炒掉他？

卫哲：绝对没想过。这个老师太厉害了，我上哪儿去找这样的老师？虽然老师的脾气差点儿，但功夫高的老师，脾气再差你不也照样得伺候嘛！

王利芬：后来你跟他发展个人友谊了吗？

卫哲：没有，还是那句话，我很尊重他，但他不是我朋友。

王利芬：为什么？

卫哲：有代沟，没有太多为什么，没缘分。今天他叫我，我一定会去的；今天他在哪儿让我站个台，我再忙也会去的，但我们不是朋友。今天晚上我不想一个人吃饭，就想找朋友喝顿小酒，那叫朋友，但我绝对不会找他。

王利芬：你对朋友的定义是？

卫哲：没有事的时候，不谈任何事，你特别愿意花时间交流的人，那才叫朋友。当然，他如果今天有别的事放不下，来不了，我一点也不会有想法，我知道他没事一定会来，能推的事就推了，他一定会来。

王利芬：后来他有没有因为摔稿子这事，对你有一点歉疚？

卫哲：没有，从来没有。

王利芬：他都忘了吧？

卫哲：他真忘了，不记得这事。

王利芬：你们也没跟他再提起？

卫哲：我跟他开玩笑说，就只有我经得起你摔，你摔个杯子，我还捡起来，跟没事一样。

王利芬：他怎么说？

卫哲：他说，我摔过杯子吗？我说，你摔过，不多，后来换了几个摔不坏的。

王利芬：所以他做这些事情的时候，完全是一种情绪化的状态，他自己倒没有意识到。

卫哲：对。

王利芬：这个老板是你的“磨刀石”，你很好地处理了跟他的关系，后来再遇到老板相处起来就容易多了。

卫哲：是啊，后来什么样的老板我都不怕了，更何况我入职的是一家内部斗争特别厉害的公司。有这碗酒垫着，什么酒都醉不倒我。

王利芬：所以你遇到跨国公司的老板，就觉得他太好了。

卫哲：跨国公司给了我价值观很大的改变，特别是对人的尊重这一点。我们的全球CEO下飞机，尽管我是中国区总裁，但出于习惯，我想帮他拿个包。他真的带着一种很严肃的口吻跟我说，David（卫哲的英文名），你认为我这么老了吗？我需要你帮我提包的时候，会说的。这件事让我形成了规矩，后来（我也是老板），有一两位同事曾经想帮我提包，我说，需要你帮我拎包的时候，我不会跟你客气，但现在不需要你帮我拎包，我生活还能自理。

王利芬：所以你有跟管金生相处的那段经历，面对任何老板都没问题了？

卫哲：是，没问题。

卫哲做管金生的秘书还不到两年。

1995 年 4 月，管金生因为“327 国债事件”从上海万国证券公司总裁的职位上辞职，一个多月后在海南被捕；那个曾经的业界先锋——上海万国证券公司，也在 1996 年 7 月 16 日与申银证券合并为申银万国证券公司。1997 年 2 月 3 日，管金生被判处 17 年有期徒刑，一个曾经挺立在市场经济潮头的金融界猛人，从此却要与牢狱相伴了。

这一幕就这么活生生地发生在卫哲眼前，一个与自己朝夕相处的老板从潮头跌下，从此成了阶下囚；一家曾经红火无限的公司轻易被并入其他公司，从此一点点销声匿迹。这样的故事在书本上俯拾皆是，但发生在眼前，可以从高处看到低点，从台前看到幕后，对于一个大学毕业刚两年的职场新人来说还是少见。经历是我们最好的老师。上海万国证券公司的职场打磨和眼前活生生的案例，对于日益成熟的卫哲来说，都是难得的经历。

老板被捕，作为秘书的卫哲出路在哪里呢？

1995 年 11 月，管金生被捕半年后，卫哲从上海万国证券公司资产管理总部副总经理的职位上，连降几级加入了英国永道会计师事务所（全球四大会计师事务所之一，普华永道会计师事务所的前身），成为企业融资部的一名普通经理。他曾说，去这家公司的目的是补上财务能力的短板。就职务而言，他在这家公司仍然担任投资银行的相关职务。一年后，他就成为收购及兼并部的高级经理。两年半后，他的财务能力基本训练好了，便重新回到投资银行这个老行当，成为东方证券投资银行总部的总经理。

从 1993 年入职上海万国证券公司到 2000 年离开东方证券投资银行，卫哲在投资银行做了七年，在 30 岁时，他成了一家证券公司的一把手。一般人会选择继续在这个行当成为更专业的人才，那也是一个常规的职业发展轨道，是一个前景光明且不用太多折腾的选择。但卫哲并没有这样沿直线走下去，他从金融业进入了销售业，加入了一家英国的跨国公司——百安居，成为其中国区的财务总监兼执行副总裁。他把金融能力变成了一个工具，为他敲开了销售业的大门。

百安居是一家全球性跨国公司，当时在中国的规模很小。卫哲之所以同时兼任两个职位是因为他要把自己扩展为一个有财务核心能力，同时还懂得业务的复合型人才，而这个决定对他后来加入阿里巴巴起到了关键作用。两年后，也就是2002年，他升任百安居（中国区）总裁——机会永远是为有心人准备的。

2000年到2010年，是中国改革开放后经济增长最强劲的年头，也是跨国公司在中国发展的黄金期。卫哲进入百安居中国公司时，正是百安居向中国各主要城市铺设连锁店的几年，这段时间是卫哲管理能力打造的核心阶段——百安居是“冶炼”卫哲的第二座熔炉。

我在跟卫哲对话时，也专门谈到了这一段。

王利芬：你的老板里最好相处的是谁？是世界500强公司的那个老板吗？

卫哲：与世界500强公司的老板相处有另外的难处。他对你确实尊重，但会存在信任问题。当时，我们这边有几十位外国员工，级别都比我们中国的几位同事低，但是全球总裁到中国来，就要先见一见他们，晚上请他们吃饭喝酒。所以，当时很多中国同事心情不好，感觉不被信任。

我跟他们说，这很正常，咱们如果在越南有家公司，去越南的第一站也会先跟中国同事聊聊。外国老板对业务决策的理解比大多数中国老板强得多，但他一年来不了中国几次，这就使得他获得的信息和我们掌握的信息不同步。

很多在世界500强公司工作的中国同事不习惯这样，说总部不理解、不支持他们。我说，要是支持那才是见鬼了，因为信息严重不对称。

王利芬：那你是怎么做的？

卫哲：首先要回到他的价值观，他也是讲“客户第一”原则的，这个你要上纲上线地跟他谈。每次他到中国来，我会跟他说，我带你去中国人的家里走走，带你去北京、上海、广州、深圳转一遍，你要了解中国客户，我带你去看。

比如，我当时提出分区域管理的问题，不同区域的店面布置要有所区别。我们的全球总裁说，店面布置必须一样，在英国都是一样的，你的前任也是这么做的，你凭什么搞特殊？如果店面不统一，管理会很麻烦，也没有采购规模。我说，你到中国家庭去看看，上海人家里的地面铺的是什么？上海人喜欢用实木地板，但是北京人就不行。北京人家里有地暖，实木地板会开裂，所以要铺实木复合地板。广东人家里更热，要铺地砖。你看，不同区域的门店能用同一种陈列方法吗？我给他讲了个故事，沃尔玛总裁来到中国做的第一件事，就是打开用户家的冰箱看看。

我们的全球总裁还说，客户要DIY，要自己动手做装修，百安居是自己动手的典范。在中国我反其道而行之——搞装修队，那又引来很多反对的声音。总部要求管理越轻越好，而最高峰的时候，我管理着三万农民工。他说，你管着这么多农民工，出工伤怎么办？我带他去了一个中国人刚拿到手的房子看了一下，那是一间毛坯房。然后我跟他说，你们都是DIY高手吧，在英国都会自己装修，可我们的毛坯房装修难度太大了，并且英国人的假期很长，可中国人的假期很短，我们没有时间自己装修，而中国农民工的劳动力成本很低。客户第一，中国客户就是这样子，你说怎么办？

再如，全球总裁要推自有品牌。在英国推得很顺利，可中国店少，我推不起来。意见不一致的时候，我还得尊重他，因为他是我的大老板。我只要求风险可控，因为业绩是我背的，在风险可控的前提下，我坚定不移地尝试他的想法。

他要推自有品牌的油漆，但是立邦、多乐士在中国一年砸那么多广告，谁会选我们的油漆呢？我跟他说，我全力以赴地帮你推，如果还推不动，那你听我的。也就是先试他的方案，再试我的方案。不管黑猫白猫，能捉老鼠的就是好猫。先试你的“黑猫”，“黑猫”不行再试我的“白猫”，永远是先试你的，但是要风险可控。今天我跟投资的企业创始人意见不一致时，也说先听你的，你比我更了解情况。英国人要我先听他的，我永远往后退，但是我要把风险控制住，别一下子把公司给折腾没了。同样的，总部如果给我十万桶油漆，百安居（中国）的业绩就无法完成。我就要一万桶，一万桶卖出去了，我坚决执行十万桶的计划，卖不出去我扛得住，我也不会把责任推给总部。最后这一万桶全部出售了。

我们推出一个组合，跟另外的产品捆绑销售，告诉消费者多乐士虽然好，但我们的产品也够用。最后实在不行，我们做慈善，送给消防部队、幼儿园，帮它们刷墙去，一点没浪费。幸亏只是一万桶，要是几十万桶我还不疯了！

王利芬：你会跟总部吵架吗？

卫哲：我也会吵架，特别是在有了矛盾而找不到解决方案的时候。但这种情况很少，所以我周围的人总说，卫总是最善于找到解决方案的人。方案中有些基本原则和底线你要想清楚，先坚定不移地去尝试老板的想法，这就是最重要的原则。

在百安居这座熔炉里“冶炼”了七年，卫哲不仅掌握了跨国公司的系统化管理方法，更重要的是，他把这种方法与中国本土市场因地制宜地结合起来。自此，在投资银行工作了七年，又有全国性连锁零售门店管理经验的卫哲，就成为一块复合型钢材。

这块钢材到了掌握阿里巴巴几千名销售大军的马云手

上，其在投资银行积攒的业务能力、在跨国公司学到的对上万名员工的管理方法就都派上了用场。2006 年 11 月，卫哲加入阿里巴巴，担任阿里巴巴集团执行副总裁，马云和阿里巴巴的文化成为“冶炼”卫哲的第三座熔炉。

站在今天的角度看，第三座熔炉的温度比前两座都要高。

曾经有一位将要加入跨国公司的高管对我说过，他本来马上就要入职阿里巴巴，结果此前参加了一次淘宝组织的大型会议，一走进会场就觉得自己是个异类，那种氛围让他感到强烈的不适，他断定自己将来难以融入其中，最后还是决定放弃了。这其实一点也不奇怪，在阿里巴巴发展史上，曾经有一批又一批的跨国公司高管入职，但来得多，走得也多，其中有很多是因为对文化的不适应而离开的。

卫哲虽有投资银行七年、跨国公司七年的工作经历，但要在阿里巴巴这座“熔炉”中生存下来，其艰难可想而知。蔡崇信加入阿里巴巴前也就职于投资银行，但他不用跟阿里巴巴团队朝夕相处，也不必每天来上班，CFO（首席财务官）的职位相对独立，他大部分时间待在香港做着融资工作。而卫哲不同，他需要天天与团队打成一片，也就是说，“冶炼”卫哲的不仅有马云本人，还有团队。

2006 年卫哲加入阿里巴巴的时候，正是阿里巴巴最“惨”

的一年。

那一年，马云曾向董事会提出他的奖金为零，因为阿里巴巴 B2B 业务的业绩虽好，但是已经下滑，雅虎与 3721 公司的合并也失败了。因为那一年业务不顺，2007 年，马云将阿里巴巴一拆为五，他本人负责集团的组织建设，并向五个下属子公司提供支持工作。五个公司分别是 B2B 业务、淘宝、支付宝、雅虎、阿里软件。卫哲担任 B2B 业务的总裁。当时的 B2B 业务是“长子”，也只有那块业务有现金流；淘宝不仅没收入，还要跟 eBay（易贝）打仗；支付宝在是支撑阿里巴巴业务还是变成基础性支付工具的两条路上徘徊；雅虎的难题越来越多；阿里软件还在艰难地进行业务探索。也就是说，唯有 B2B 业务是一个现金流较好且成熟的业务，它无疑成为其他四个“兄弟”的支撑，被公司上下喻为“奶牛”。

不仅如此，马云对 B2B 业务还有更大的期待。

2007 年 1 月底，我和马云都在瑞士达沃斯开会。由于参会身份相同，我们每年参会的活动基本一样。除大会之外，中国与会者也常常小聚在一起。在一个关于世界经济预测的论坛结束后，我们边走边聊天，马云说，我们要抓紧上市。我愣住了，说你不是公开说过不上市吗？他说，金融风暴要来了，要不然来不及了。2007 年 11 月，阿里巴巴在香港联合交易所上市。

2006 年底卫哲到来时，离阿里巴巴上市只有一年的时间，B2B 这块业务在即将过去的 2006 年，收入还有所下降，使用浑身解数也必须挤出利润的重任无疑落到了新任总裁卫哲身上。从哪里挤？一是开源发展冲刺；二是效率的提升。这两点让每天都披星戴月工作的 B2B 团队状态达到了极限。

一位股东在阿里巴巴 B2B 业务决定上市时，对 IPO（首次公开募股）的估值发表了自己的看法：不得低于 50 亿美元，要不就算贱卖。

“50 亿美元，怎么都要有 8000 万美元税后纯利，市盈率得 60 多倍。”听到这位股东的意见，卫哲当时就得出“8000 万美元是死任务”的结论，而阿里巴巴 B2B 业务 2006 年的净利润是 2.199 亿元，以当年汇率计算还不到 3000 万美元。也就是说，B2B 业务在 2007 年的净利润得增加一倍多。

最终的结果是，阿里巴巴 B2B 业务上市时净利润同比增长 409%，其销售费用占比则由 2006 年的 48% 降至 2007 年的 34%。公司的市值攀升至 250 亿美元，一跃成为全球第五大互联网公司。卫哲给自己打了 100 分，而马云只给了他 75 分。

不用说，这25分的落差在卫哲眼里全是委屈。

金融风暴正如马云判断的那样如期到来，阿里巴巴的股价也随之下行。管理层认为，卫哲对股价、股东的重视程度超过了员工。2008年7月，他在一次会议上受到了团队主要成员的集中批评，大部分与会者当面表现出对他的不满。这样的场景在卫哲的职场生涯中从未出现过，如此“冶炼”让他由内向外发生了脱胎换骨的变化。这种“冶炼”除了来自团队，当然还来自他的直接老板马云。

我在跟他的对话中，也谈到了这一部分。

王利芬：马云做你老板的时候，跟他相处难吗？

卫哲：说实话，相处不是很难，难的是对他那些大的愿景的理解。所以曾鸣[①]教授就变得特别重要，马云跟我们开玩笑说，他自己冒出一个主意来，恨不能“噌”的一下就上房顶；曾教授负责架梯子，让我们能跟上去，或者他能下得来。马云的思维有时候太快了，想得太远，大家有些跟不上。

王利芬：而且他的变化也很大。

卫哲：变化不怕，当初关明生教了我很多。

①曾鸣，阿里巴巴集团学术委员会主席、原湖畔大学教育长。曾任阿里巴巴集团执行副总裁、参谋长。

王利芬：我觉得你跟马云是差异非常大的两类人。我始终觉得，你是非常精英化的，而马云很草根且随性，差别很大。

卫哲：不瞒你说，我下定决心去阿里巴巴，除了因为马云，有40%的功劳得算蔡崇信的。马云见完我以后，说你再见见蔡崇信。我见完了蔡崇信，觉得他跟我是一类人。

王利芬：对。

卫哲：我们很像，类似的教育和成长背景。见完蔡崇信以后，我就不用再多想了。我觉得蔡崇信是个比我还聪明的人，他为什么跟马云，他的判断不会错。这对我来说很重要。我很少跟外面的人讲，除了马云能忽悠我，蔡崇信真没忽悠我，他没有必要忽悠我，他把自己的人、钱、命都投进去了。我凭什么？

当然回过头来说，很多人也是因为卫哲去了阿里巴巴才加入阿里巴巴的。因为别人也是这么想的：卫哲也不笨，卫哲放弃那么些东西去阿里巴巴，肯定是有道理的。

王利芬：如果不见蔡崇信，这个决定你能做吗？

卫哲：不见蔡崇信，马云不敢用我。我不是说了嘛，蔡崇信是马云最大的“刹车”，蔡崇信说“不”的事，马云一定不做。所以我说这是双向的，蔡崇信不见我，马云不见得敢用我；反过来，我不见得会加入，或者会这么爽快地加入。所以我就觉得在阿里巴巴有和我同类的人，如果哪天我跟马云讲不通，我可以找到一个听得懂我说话的人。

王利芬：其实我跟马云的交流非常多，所以我会感觉到这种隔膜和差异，你明白我说的意思。

卫哲：但你别太担心啊，蔡崇信能跟他合得来，我不会跟他合不来的。

王利芬：合得来是没问题的。

卫哲：我当时也是这么判断的，我不是马云吸引的第一个同样背景的人，我是第一个的话，也不见得敢去，因为我看到了蔡崇信在那儿很成功，不会特别担心。所以我经常不会自己去找答案，我会发现答案原来就在身边。我不相信我是最聪明的，也不相信我是最笨的，我是一个各种能力挺中等的人。有些事有人替你做决定了，那你就别太担心。

王利芬：你终于把我心里这个谜解开了，因为我非常清晰地感觉到你和马云是根本不同的两个人，你跟他的所处环境、成长背景都不一样。

卫哲：对。我还跟马云说了，雅虎投资你，也是让我们这批人下决心的一个原因。那时候雅虎还如日中天，能投资他，不得不让人对创始人刮目相看！今天阿里巴巴和腾讯、谷歌能投资的公司，你当然会不一样地对待。

我对马云说，你真的不要小看雅虎投资你，雅虎投资你，我们这种在跨国公司的人会认为你的公司可能也是个跨国公司。另外，雅虎投资你以后，阿里巴巴的所有财务数据是在雅虎公告的，我们终于能看到账。我这个人看到账心里还是挺踏实的，到底赚不赚钱、怎么挣钱，我可以上去看一看。我对估值没兴趣，马云也不可能和你聊这个数字，跟蔡崇信也不能聊这个东西。这几件事情都是发生在我下决心前后，是同时发生的事情。

王利芬：所以在人和人的直接关系中，其实有很多背书性关系，有的时候甚至构成你解决问题的答案。

卫哲：是的。其实我认识的马云也在不断变化，马云认识的卫哲也在不断变化。不一样才互相有吸引力，对一个企业、一个团队来说，不一样才能够互补。我相信当年我们能够在一起共事，是因为充分欣赏对方。我们之间当然有些不一样，但在这些不一样当中，我们在互相改变对方，互相在提高自己。正是这些不一样，我觉得存在才有味道、生活才有意义。

2011 年 2 月 21 日，阿里巴巴宣布卫哲引咎辞职。辞职的原因是，阿里巴巴在 2009 年、2010 年分别有 1219 家（占比 1.1%）和 1107 家（占比 0.8%）的“中国供应商”

客户涉嫌欺诈。

对于为什么从阿里巴巴离职，卫哲是这样说的："我可以很负责地说，在阿里巴巴，我最后呈现出来的这样一种担当，反而增进了很多商界朋友对我的信任。我觉得是处理危机而不是处理危机公关。危机不是靠公关来解决的，危机要靠诚意、担当、牺牲来解决。我不相信为了公关有人愿意付出这样的牺牲，那背后也是一种责任。我想说，我和马云的价值观是一致的，但因为我们两个人经历不一样，作为CEO（首席执行官），我的价值观高度可能还不够。"

如果说，卫哲的前两个七年分别打造了投资银行专业能力和新零售行业全国性连锁经营的管理能力，那么阿里巴巴则在近五年时间里将这两种能力放在一个炉子里进行了交叉混合的"冶炼"，当然熔炉的温度更高，冶炼得更透彻。

卫哲这块复合钢材就这么炼成了。

离开阿里巴巴后，2011年4月，卫哲与马云出席中国绿色公司年会时透露，自己已经组建"嘉御资本"，马云则以基金投资人的身份加入，他们再次建立了商业上的关系。

王利芬：你现在怎么看自己与马云的关系呢？

卫哲：我觉得还是战友，当我决定要做这么一个管理驱动、战略驱动的股权投资基金的时候，我第一个去倾诉的对象、第一个来倾听这个概念的人就是马云。

王利芬：他是怎么看你做基金的呢？

卫哲：非常支持。我觉得我们这个基金目前首先要做的行业是零售、电子商务、互联网，只做这三个行业，我在这三个行业当过CEO，比较熟。更关键的是，我跟马云第一次交流的时候，他说了一句话：你做这件事，我非常支持，要用互联网技术和互联网精神去改造传统行业，用在传统行业积累的经验来帮助互联网电子商务企业，非你莫属。他也是作为最早的一批投资人投资我们这个基金的。

这些年，我从他身上学到的，使我对创业者的理解有了很大的进步，也对我今天自己创业有很大帮助。职业经理人永远要搞明白老板要做什么，但作为创业者要明白我们自己要做什么。

马云强在哪儿？我一直说得很客观，我把马云的能力一分三。

第一，马云最厉害的是对人性的把握。对外对内都是这样，对外是客户，对内是团队。他以前当过老师，老师都希望帮助别人成功，这就是为什么我们说教师是太阳底下最光辉的职业。没有一个老师说我希望自己的学生比我差，如果那样的话，这个人一定不是好老师。马云一定希望学生超过他，所以他有成就别人的想法，懂人性。

第二，马云有很强的对商业本质的判断能力。

第三，马云的互联网感觉。创业人的思维模式，无论是对外还是对内，都应把人性放在第一位。

四大名著是什么？我后来突然想明白了，四大名著里，一本书讲的是大公司如何崩溃的问题，如果公司很大了，要研究怎么崩溃，那就好好看《红楼梦》。另外三本书也很有意思，主要讲的是“草根”逆袭、创业成功。这里面有三个创始人，三个 CEO 都是最不像 CEO 的人：宋江的学历，按照现在的说法也就是“二本”大学毕业；刘备估计是小学学历；唐僧好像是自学成才，没有学历。当时武功很重要，但宋江武功不行，水泊梁山一百单八将，估计前 100 名里面都没有他。要是谈论武功的话，刘备没有关羽、张飞，他也不敢自己出去混。所以，这些创始人都谈不上“高大上”。那团队呢，也很有意思，我经常拿这三本书去跟阿里巴巴作比较。马云算是“二本”大学毕业吧，也没什么家庭背景，可是他的团队厉害。说到团队，你看看这三本书里的三个团队，也是一样的啊。唐僧的团队基本上都是被我们叫作边缘化的人群，都是被天庭贬下来的：孙悟空能干但不好管，另外两个好管但不能干。宋江那边的梁山众

存量时代提升**企业效率**的五个密码

好汉也一样，一百单八将几乎全是边缘化的人群。刘备那边也差不多，诸葛亮厉害吧？曾经是闲人一个在外面。其实想想阿里巴巴，马云在很多场合都说过，创始人留下的最早的团队成员，基本上都是在外面找不到工作的，能找到工作的全到外面工作去了。阿里巴巴的团队几乎也是一个被边缘化的团队、一种被边缘化的人群，或者叫非主流人群。

卫哲的嘉裕资本成立后，以运营和管理为切入口成为众多基金中的独特存在，有能力且成功管理过上万人企业的投资人，这是卫哲创办的嘉裕资本最大的竞争优势。

上海万国证券公司、百安居和阿里巴巴这三座大熔炉，让卫哲这个毕业于上海外国语大学的大学生，在 40 岁出头时终于淬炼成了一块合金钢。

在与卫哲对话的过程中，他几次提到并不怕从头再来，因为能力已合成在他的身上，谁都抢不走，这才是他的核心竞争力和底气所在。很多人看待成功人士时，常常将财富和知名度作为衡量的标准，其实，财富和知名度只是他们竞争力的外在表现，真正内在的核心竞争力是一个人的能力，财富和知名度只是阶段性的衍生品而已。

回顾卫哲人生关口的几次选择，我们看到，他的独特之处在于，每一次选择的背后都是在原有能力基础上的累加并合成新的能力，从而形成一种新的竞争力。他的选择并没有被表面的东西所吸引，而是放在人生长远竞争的格局上着眼。

我在跟卫哲的对话中，他讲到几次跳槽的出发点和对行业的选择，我把它原汁原味地呈现出来。

王利芬：你在职场经历过几次跳槽，今天的年轻人换工作非常频繁，能讲讲你的心得吗？

卫哲：我们经常说，人走出“名”“利”两个字就不得了了。先说“利”吧，其实很多人在没有特别大的名气的时候，会把“利”会看得比较重。

我四次跳槽，每次都是减薪跳槽，那是实实在在的“利”。我从年收入100万美元，到阿里巴巴变成年收入不到100万人民币。那是我最后一次跳槽。挣美元的时候，汇率还比较高。有人说，哎呀，你后面有那么多阿里巴巴股票呢！可那时候谁知道这股票值不值钱，谁也不知道哪一天阿里巴巴会成为一个市值数千亿美元的公司。所以，我几乎每次换工作，都是把“利”放下。

再说“名”。我24岁时是万国证券资产管理总部的副总经理。我去普华永道，连降了六级，降到一个比部门经理更低的主管位置。按照我们国内的说法，就是副科长吧。

那大概是什么概念？我原先好歹快成副局长了啊，那也是“名”啊。我周围也有不少朋友、同学说，上一次你递名片时还是资产管理总部的副总经理呢，再一递名片咋变成主管了？再后来，人家说你做投资银行挺光鲜哪，怎么突然就去了百安居呢？有几个人知道我去百安居的时候，它虽然是世界500强，但在中国才开了一个店，我去那儿当财务总监，说实话跟店里边的财务会计也没什么区别，那又是一次对“名”的放弃。

加入阿里巴巴是惊心动魄的对“名”的放弃。2011年离开阿里巴巴时，对我的整个职业生涯、对个人名声没有伤害？我相信是不可能的。所以每次选择要放弃什么和已经放弃过什么时，基本上就是看能不能放下你的“名”，能不能放下你的“利”。

王利芬：在选择行业和岗位上，你有没有总结一些心得供年轻人参考呢？

卫哲：我坚信换行不换岗，换岗不换行。这话听起来像绕口令一样，前半句就是说你换了一个行业最好不要马上换岗位。比如，你换了个岗位去当CFO，挺好，你还是CFO。什么叫换岗不换行？比如，原来我是做Marketing（市场营销）的，现在去做Sales（销售）。为什么要提出换行不换岗、换岗不换行呢？如果两个都不换会有什么情况？既不换行业又不换岗位，就意味着新老板在用你所长，但你的短板永远没机会可以补。我在A公司做销售经理，去同行业的B公司做销售总监，优势在得到进一步发挥，但短板补不足，所以老板一定给你加薪，他用的是你的长处，他要给你加薪。

还有一种，我既换了行业又换了岗位。那你惨了，真正的从零开始。行业基础没了，岗位能力经验也没了，这样你的损失也太大了。所以我提出，要么换行业不换岗位，要么换岗位不换行业，有所放弃，才能有所继承。

那么再回到换行不换岗，或者换岗不换行，新的老板就有挑战了。老板会说，我除了利用你原来的一定能力以外，也冒着一定的风险，因为你需要学习啊。所以我为什么总是减薪跳槽，我不认为这是在减工资，我认为我还是在读书，是别人给我带薪学习的机会。既然别人让我带薪学习而不收我学费，我太在意工资待遇干什么？所以如果你有着减薪跳槽的决心，你才能比较好地实现换行不换岗、换岗不换行。你本着加薪的目的去跳槽，短期内可能是好的，长期来看，对你综合能力的培养是不够的。

王利芬：很多年轻人工作时间很短就换工作，主要看收入，你怎么看？

卫哲：我们把“职业经理人”这一个词拆成三段：职业、

经理、人。第一个叫“职业”。英文叫Profession，就是说你得先有一技之长，这是你要培养的第一种能力。你是会计就是会计，你是销售就是销售，都是有一技之长。年轻人如果离开了一技之长去谈别的，我个人认为是没有安身立命之本的。

第二叫“经理”。经理是什么呢？是经营和管理。所以第二个能力的培养也很重要，你有了一技之长，那能不能带一个小团队？给你三个人、五个人、十个人，你能不能带好？带团队的能力我认为是你人生的第二个台阶。

第三个叫“人”。人要修身；自己做人做事要有方法；必须跟社会、跟人打交道，就是要有和其他的人和社会资源打交道的能力。

大学生离开校门，我建议从三个段位分别开始逐步修炼，第一步，你先把自己的一技之长练出来，这样至少说你有了安身立命之本。第二步，你做好了本职工作，有了安身立命之本后，能不能带一个小一点的团队，这是培养你不断带团队的能力。最后一步，看你的内心修养和你跟人与社会的交流能力能不能逐步提高。三者合在一起，所以我说职业、经理、人，把这个词组给做了个闭环。

王利芬：你在跳槽时要选行业，是怎么分析的呢？

卫哲：我的行业选择大概分为两个阶段。第一个阶段，叫拿着“望远镜”做行业选择。第二阶段，叫拿着“显微镜”做行业选择。我的第一个老板是管金生，最后的老板是马云，包括我自己在内，我们三个都是学外语的。学外语的好处是能睁开眼睛、打开窗户，更清晰地看到世界。比如，选择证券行业，那时我去万国证券实习，能接触到美林证券、野村证券、摩根士丹利等这些大公司的年报。我一看，真以为自己看错了，心想，公司怎么可以这么大呢？我相信中国如果和世界接轨的话，一定会诞生这么大的证券公司、这么大的投资银行。

王利芬：去百安居的逻辑是什么呢？

卫哲：那时候百安居（中国）很小。我们去英国、美国看到类似百安居这样的叫建材连锁超市，可以在一个国家开这么大，那么中国总有一天也会有这么大的超市。对标一下中国和世界的行业差距，叫用“望远镜”看行业。

第二阶段要用“显微镜”来看你周围的机会。比如，了解“95后”，全世界哪有“95后”现象？没有啊，那绝对是中国特色的“95后”现象。我为什么会加入阿里巴巴？还真是因为“显微镜”，因为我周围的人开始用淘宝购物了，这个对我冲击非常大。

我之所以花这么长篇幅来回顾卫哲这块钢的“冶炼”

过程，是希望让大家了解他核心能力形成的过程。很多时候，了解过程的重要性超过了解结果。

对于企业发展，卫哲身上有两种核心能力：第一，在有一定规模业务量的前提下，他的加入可以在系统化管理手段的帮助下对公司效率进行全方位提升，以应对公司发展得更大规模化；第二，由于他是投资银行出身，他管理公司从开始就对标资本市场的要求，当公司基本达到上市门槛时，他能用他的专业能力将公司带到资本市场。这两大能力复合在一个人身上的确极为难得，更多的公司是用不同人组成的团队来合成这两种能力，而这正是卫哲讲课时对企业家有极强吸引力的原因。特别是创业跨过了“从零到一”这个阶段后，需要一定的规模化阶段，无论是业务管理还是对接资本市场，或者上市后利用好资本市场的各种手段，这些都是卫哲身上的核心能力。

在卫哲所讲的课程中，提升企业效率的内容最为独到，这是因为他有两次操盘过万人规模企业的经历。在今天我国经济增速放缓，且受到新冠肺炎疫情叠加冲击的时代背景下，对于那些有一定规模的企业来说，提升企业效率无疑是可以救命的。

全国规模以上企业有几十万家，这是支撑中国经济的主要力量。如果这些企业的核心团队能够听到卫哲的提升企业效率课程，可以想象它将在企业管理中产生多么大的正面效果。

讲授提升企业效率课程，除了要提出解决方法，还需要主讲人具备成功丰富的操盘经验，否则终将是纸上谈兵。2007 年，卫哲在阿里巴巴所提升的效率，其结果是惊人的，当然这是在马云打造的阿里巴巴团队这个基点上进行的。但是，效率提升与团队建设是一个相辅相成的过程，在经济环境变得愈加严峻的年代，除了团队和让团队出成果的机制可以实实在在地让我们寄予厚望，很难想象还有其他奇招。

近十年，我跟很多企业创始人打过交道。我发现，多数创业者都有一颗做全国市场的雄心，无论他现在的企业规模有多小，他都要把自己要做大的故事讲出来，似乎不讲这一点就体现不了气魄——做全国性市场成了创业者的一个心魔。然而你再细细了解，他其实连一个最基本的店和公司都没有经营好，或者说没有达到应有的效率；当然，他更不懂得规模和效率之间的关系。

近二十年互联网平台模式蓬勃发展，资本助力可以先将用户规模做大，哪怕先亏损，等平台做大了，江山坐稳了再盈利，而且还可以早点上市，上市估值还会很高。所以不少创业者认为，做规模就行了，不要问是否亏损。这些创业者将技术驱动的互联网平台型创业模式搬到了非平台型创业中，一门心思要做规模且不怕亏损，因为很多创业者没有弄懂互联网平台型商业模式的原理。

近年来，有一个案例的确极大地模糊了创业者的认知，特别是实体经济创业者的认知，那就是瑞幸咖啡的经营。

瑞幸咖啡只用了一年多时间疯狂扩张，而且店越多亏损越大，并以火箭般的速度上市，估值竟然还很高。当瑞幸咖啡的股价一浪高过一浪，公司的市值让人不敢相信时，从美国纳斯达克这个科技创新的证券交易市场传达出的信号是极其混乱的，它似乎在向世人证明，资本神力不仅可以让互联网，也可以让咖啡连锁经营这样的实体经济模式大获成功，而且一家上市公司从零开始无须成长时间，只需要有强大的资本就可以将梦想变为现实。

2019 年，在“赢在中国 · 创始人特训营”课堂上，瑞幸咖啡在纳斯达克还红火时，我问卫哲怎么看待瑞幸咖啡这个现象。他认为，瑞幸咖啡会在 2019 年下半年和 2020 年上半年陆续关店，因为它的亏损问题并没有因为开店多而解决，而即便开店再多也不可能将原有亏损在一个更大规模平台上把钱赚回来，所以它的规模和效率存在很严重的问题。

卫哲的预测今天应验了。但卫哲一定想象不到这家公司竟然可以用财务造假22亿元人民币的方式来解决它的规模与效率问题。如果没有浑水公司近千人的细致调查，我们很难想象瑞幸咖啡财务造假的流程如此精细和系统。

2020年6月底，瑞幸咖啡被勒令退市。这个活生生的案例矫正了人们对资本的认知，也是一个关于规模和效率失败的生动案例。它不断播报的开店数字，给所有人上了一堂鲜活的与企业规模和效率有关的课程。这门课程在相当一部分企业家、投资人那里都没有过关，已经驾驭过两家上市公司、瑞幸咖啡真正的老板和一帮极其精明的投资人也都没有过关。

2020年下半年，当我回看卫哲讲的这些课程时十分感慨，有一种不把它分享出来觉得可惜的感觉，这也是我暂时放下手头的工作来做这件事情的原因。

这本书出版时，新冠肺炎疫苗已在大规模接种中，疫苗一天不普遍应用，原本下行的经济就难以完全恢复到以前的模样，即便能恢复，在可看到的未来，经济存量时代也很难变成经济增量时代。在这个时期，关注提升企业效率这个课题显得十分有必要。

本书分上下两个部分：上部讲的是一个企业的基础，下部才讲如何提升企业效率。

这样安排是希望创业者可以明白，一个企业的效率提升必须建立在一定的前提之下，效率并不是“单兵突进”的，它和企业发展的几大要素紧密相连，这些要素就是上部所强调的内容。有了这些前提，企业才会有提升效率的抓手。就提升效率而谈提升效率是一个没有根基的话题，只会让提升效率这事变成一种单纯的技能。所以我把一个企业的使命、愿景、价值观，一个企业的定战略、搭班子、带队伍放到了最前面，这是一个企业持续发展的内核。下部才是关于如何提升企业效率的内容。

过去，有些接受培训的同学在接触到阿里巴巴的使命、愿景、价值观时特别兴奋，回去就照做，最直接的结果是让企业里一些本不该离开的人才辞职了。这种不明白企业内在原理，“照猫画虎”的做法实不足取。这些同学放弃了企业原先的做法，新的做法又没有吃透，没有弄明白每一项措施所实现的阶段规模和针对的问题。前提条件不同，怎么会有好的结果呢？

拿使命、愿景、价值观来说吧，什么是使命？使命就是你这家企业想做成什么，要做的这件事情就是你的使命。但问题是，许多企业不会将大的使命进行以年度为单位的分解，不会定出企业可实现的指标。这个年度实际指标并不是收入和利润这样简单，而是有几个维度的财务数据，几个维度其实就是在对企业的基因进行打造，而且考核的指标一定是可以量化的。

愿景是企业一群人想要实现的梦想，这个梦想需要有时间长度来考量。梦想是一个可以激励团队的力量，有些人觉得这个愿景有没有并不重要，但在企业的战略方向选择上，它是企业文化价值观的矫正器。

价值观就是在企业规定了必须遵守的制度后，企业内部一群人的行为方式和做人方式。它是软性的约束力量，也是帮助企业这个群体高效沟通的最重要的润滑剂。有一些创业者会认为价值观并不重要，只要把企业的指标达成就行。其实，价值观的重要性主要是帮助企业达成目标，企业目标达成的效率和难度与企业团队价值观的建设有极其密切的关系。在创业企业中出现的团队成长问题、部门协作问题、员工对客户的态度问题等，归根结底是企业的价值观出了问题。

我们同时也注意到，有些不错的企业好像使命、愿景、价值观并不明显，可一样赚钱，这是为什么呢？其实这些企业并不是没有使命、愿景、价值观，只是没有宣传得像阿里巴巴那样广泛而已。比如腾讯，这家企业就没有把使命、愿景、价值观喊得尽人皆知，但是它其实一样也不缺，它的战略定力一直在通信领域，核心在社交领域，并一直围绕这个核心做事，为数不多的线上零售尝试也很快止步。所以我们看到，使命、愿景、价值观在优秀企业那里是无处不在的，只是有的让外界知道了，有的只有内部人知道。

如果一家企业没有使命，员工并不认同企业的愿景，价值观杂乱多元，这家企业只想高效地增加销售额和利润，直接学习本书中效率提升的方法，我相信在开始会有一些起色，实行提升效率的做法比不实行也一定要强。但这个企业很快就会发现，提升上去的一点效率将会因为企业的根本性问题没有解决，所以仍将回归原来的老路；而且，如果战略本身就是错误的，那么企业的效率越高，其损失就会越大。

在我们培训的学员中，因企业低效而心急如焚者不在少数，他们说不要绕圈子，直接告诉我们快速提升企业效率的方法，不好吗？这种速成心态是企业经营中最害人害己的想法。瑞幸咖啡就是速成的例子，更多的企业因直奔效率主题而始终不得要领，效率也无多大改善。

2015 年 3 月 25 日湖畔大学（现更名为“浙江湖畔创业研学中心”）开学以来，马云一直坚持讲第一课，这跟在阿里巴巴早期发展中他一定要讲第一课的做法如出一辙，他深信这样的课程对于一家公司、一个机构、一批人的“DNA 打造”将起到关键作用。马云的第一课除了时间变了，讲课的内容基本没有变化。他讲的是作为CEO长时间驾驭企业的方法，这个方法就是他的“三板斧”，即“上三板”“下三板”。“上三板”是企业的使命、愿景、价值观，是虚的层面；“下三板”是人才、组织和KPI（关键绩效指标法），是实的层面。马云手握的这两个部分是既虚也实，虚实结合，每次他都要讲完，而不是专讲哪一部分。因为在他看来，这两个部分的有机运作才能发挥最大效应，因为企业像一个生命一样，是个有机的整体。

阿里巴巴的“三板斧”很多，这个“三”字在阿里巴巴内部说得极为频繁，因为每一个层次都有“三板斧”，所谓“三板斧”，其实就是管理企业、管理各个部门的不同方法。

因为面对的都是企业家，所以马云强调的是给企业家应用的“三板斧”。在阿里巴巴的管理层，还有更多的方法也被称为“三板斧”，比如，人力资源管理的“三板斧”是招聘、培训和考核；打造团队的“三板斧”是“揪头发”“照镜子”“闻味道”；管理者常用的“三板斧”是技能、职业发展和领导力培训；基层员工的“三板斧”是定目标、追过程、拿结果。这些林林总总的“三板斧”都是阿里巴巴在企业使命、愿景、价值观下，围绕着KPI实现的各种实战方法。这些方法其实是公开的，每个企业都可以用，但是为什么其他企业没有取得阿里巴巴的成效呢？原因在于这些方法的使用都有前提，不是简单照搬就可以，仅是技能的学习，而没有与企业独特的使命、愿景、价值观连接起来，知其然而不知其所以然，当然不会有预期的学习结果。

一家企业从孕育、出生到长成是一个需要小心维护的过程，这个过程归根结底是一个让使命、愿景、价值观内化为企业 DNA 的过程。在这个过程中，企业的效率并不是主要矛盾。而提升效率只有在企业已经长成、商业模式被市场验证、需要在更多地方和更大空间长大的情况下才显得越发重要，其重要性将直接影响企业的业绩。创业者将企业从无做到有，这是一个极为艰难的过程，绝大部分创业者都止步于此。此时，创业者要么停步不前，如果行业竞争并不激烈，原地踏步也可以生存；但更多创业者需要向前推进，也就是规模化。规模化阶段在融资上表现为 C 轮阶段，在 C 轮阶段死掉的企业很多，大多因为规模化阶段的踏空而死。

什么叫踏空呢？踏空就是你在进行规模化时，根基孱弱。根基孱弱是指你在一个店、一个公司时财务模型不清晰；根基孱弱是指你扩张时，并没有产生更多管理人员和员工的人才培训系统；根基孱弱是指你的战略是模糊的。所以无数企业在小时候活得很好，只要想长大就遭遇滑铁卢，其根本原因就是并未将企业效率的上半部分和下半部分看成一个整体。

我国中小企业的数量因每天注册和注销的数目一直在变化，无法精确统计，但大体算来有6000多万家，在这6000多万家企业中，规模以上企业只有不到50万家。规模以上企业是依据年收入2000万元划分的标准。也就是说，我国规模以上企业不到全部企业数的10%，剩下的绝大部分是中小企业或者小微企业。为什么会有如此多的中小和小微企业呢？因为更多的企业创始人无法将企业带到规模化阶段。从无到有是一种做企业的能力，而从有到大则是另外一种能力，这种能力上升到了企业的系统化和精细化管理，而这一点恰恰是创始人们最缺乏的。今天我们看到，许多企业家都是靠职业经理人来完成这个阶段，而创始人如何驾驭职业经理人成为最重要的能力。所以，许多大企业的领导团队里基本上会有一批在市场上锻造检验过的高段位职业经理人。

美团的王兴前后六次才说服阿里巴巴的干嘉伟[②]加入，

②高瓴资本运营合伙人，美团前点评COO（首席运营官）、阿里巴巴前销售副总裁。

他笃定美团的管理层需要有干嘉伟对于成千上万员工进行精细化、系统化管理的能力。而干嘉伟在美团的几年，不仅打造了这个管理系统，更重要的是培养出一个不断上升的管理团队，除创始人王兴的定力外，这个组织和管理系统成为美团这家企业最强的核心竞争力。

干嘉伟曾经是卫哲 B2B 团队的成员，在卫哲担任总裁期间曾降过级，但干嘉伟在广东的战绩让他重回总部。卫哲在讲带队伍那一段课程也讲到了这件事，这就是人才成长的故事。没有这样的成长，干嘉伟也不可能成就于美团。

“从零到一”难，“从一到多”更难。本书就是为众多创业者中那些希望自己的企业可以“从一到多”的人准备的。卫哲的课虽然讲的是企业效率，但其实涉及了企业的方方面面。也可以说，企业效率是卫哲管理企业的一个切入口，最后回归的仍然是经营一家企业最重要的那几点，即你创立这家企业是想解决什么问题？你们这群人要实现什么梦想？你们一起做人做事的方式是怎样的？你们的年度目标或效率指标如何设定？要实现目标的团队如何打造？如何让企业设定的指标得以完成？解决这些问题是驾驭一家企业的管理技能，对于优秀企业家来说，也可以说是驾驭企业的艺术。

我在总结卫哲的课程时不止一次地感叹，这样的课程对于想规模化的企业家来说，太及时了！我真心希望更多企业家可以看到这样的课程，看的人越多，本书发挥的作用越大，中国企业家在规模化上的路上才会走得更稳更远。

上部

企业效率提升的两个必要前提

第一章 企业要有使命、愿景、价值观

今天的阿里巴巴很成功，但当时跟阿里巴巴模式差不多的企业可能有几百家，仅杭州就有几十家。今天看来，阿里巴巴肯定不是赢在商业模式上。既然大家做的事情都一样，方法也差不多，为什么阿里巴巴胜出了呢？

我觉得还是赢在使命、愿景、价值观上。

什么是企业的使命

阿里巴巴比较早就把企业使命给确定下来了，而且大家很当真。

说到企业的使命，很多企业创始人都说，我们的企业要成为世界 500 强，我觉得这个不是使命。使命是什么？使命就是你想创造点什么，你对社会的贡献是什么，除了赚钱活下来，企业的存在还有什么意义，好像很虚吧？我后面会讲到这个，一点都不虚。

我先来讲讲微软公司的创始人比尔·盖茨。

比尔·盖茨创办微软公司时，他定下的使命是让每家每户都有一台电脑，这个使命连他自己也没想到会完成。他是在20世纪70年代提出这个口号的，那个年代，电脑还占半个房间这么大呢。电脑占地面积这么大不说，购买一台电脑还需要上百万美元，这对一般人来说，是想都不敢想的事情。后来他为什么退休了？他说自己的使命完成了，没事干了。比尔·盖茨是我见过为数不多的能把当时定下的使命给完成的人。

其实大部分企业拟定的使命是完不成的。但它是你一直奋斗、一直努力的意义。唯有如此，你才会看到自己部分完成甚至接近完成的使命。

微软公司的第一个使命实现了，然后就迷失了。比尔·盖茨的接班人史蒂夫·鲍尔默给我们看的那个所谓的使命，他背不出来——我也背不出来，你们去微软公司的官网上看看，是好长的一句话。但我觉得把比尔·盖茨的话改一改就行了，比尔·盖茨不是说让每家每户都有一台电脑吗？那微软公司的新使命能不能说成让每家每户不止有有一台电脑。

今天我们的每台电脑功能都不一样，为什么还要千篇一律地给我们用一样的浏览器和一样的操作系统呢？这就阻碍了微软公司的发展。

讲到这里，我不由得想起世界金融巨头汇丰集团。汇丰集团原来的使命是什么呢？它有点像我们乔家大院的使命——货通天下、汇通天下。汇丰集团有四个创始人，两个是做贸易的，两个是做物流的。他们四个人都说，既然没人做异地结算这方面的业务，那我们自己做吧。所以，有时候使命背后就隐藏着特别好的商业模式，是隐藏着的，不是有意的。

在银行业，什么是最好的商业模式？有一次在汇丰集团时，对方问我们，你们知道银行怎么挣钱吗？我们想，很简单啊：想办法把存款弄得多多的，把存款利息压得低低的；让贷款也多多的，把贷款利息拉得高高的。对方说，那请问你们知不知道有一种钱，它放在银行，不仅不需要利息，我们还能收手续费？我们一下子没琢磨过来，怎么会有这种事？对方就解释说，比如，我们这桌有几个同学，赵同学划了 500 万元给我，我划了 300 万元给于同学，于同学划了 300 万元给周同学。但如果我们四个人的账户，都开在汇丰集团呢？我们之间转账了，都在汇丰集团这里结算，对汇丰集团来说什么钱都没动，这就是汇丰集团的基本商业模式。

我听完回去，就知道支付宝该怎么干了，支付宝之后就有了余额宝，什么叫余额宝？有余额才有保。它的基本原理跟汇丰集团的模式是一样的，所以汇丰集团的使命就是汇通天下。

企业为什么要有愿景

刚刚谈的是使命，使命是你需要付出的努力，你要去做，但是做这个要实现什么梦想呢？这就要谈到企业愿景了。愿景是可以实现的，甚至是一定要实现的。愿景的第一个标准：要有时间维度。确定一个愿景，五年就是五年，十年就是十年，企业愿景是一定要反映企业使命的。

为什么这个跟使命有关呢，那不是让天下都没有难做的生意了吗？是的。我们关注的是，如果每个商家在淘宝上一年成交100万元，那还能不能活下来。算了一下，大概是能够活下来的，如果是这样，那么他的生意就没有那么难做了。所以，如果有100万个商家，每个商家做100万元，那么这与“让天下没有难做的生意”这一使命相吻合。

但如果我不提这个愿景，只是喊出在淘宝十年成交10万亿元GMV（商品交易总额），意味着就能实现“让天下没有难做的生意”这个使命，依我看，这么一来，说不定天下的生意更难做呢！因为，这并没有说一年1万亿元的愿景怎么实现，淘宝自己做也行啊，这叫大商家实现，也就是淘宝自营实现。但如果这样做，跟使命就脱钩了。所以，第一，愿景要有时间维度；第二，愿景要有数字目标；第三，愿景不能跟使命脱节，这是最关键的。

价值观在企业有什么用

讲完了使命和愿景，还有一个重要的方面就是价值观。

价值观是什么？价值观是道德，企业的流程有点像“法律”。所以我说，管理一个国家只有法律，没有道德是不可能的；只靠道德，没有法律也是不行的。创建一家企业，道德和管理两手都要抓，两手都要硬。作为一家企业，肯定有一些基本管理流程、管理办法，这是“法律”。但另一方面，肯定要有德治。除了法治以外，德治是什么，这些都要考虑清楚。

每个人来你这个组织或者企业，都是带着梦想而来的。

很多人会把梦想和理想混在一起。梦想和理想的区别是什么？梦想是每个人的理想相加，就是我们一群人理想的集合，或者说是我们这些人一起干一件事。理想和梦想没矛盾是最好的；有矛盾的时候，就要有那么点清规戒律。企业需要统一的是梦想，而不是理想，这叫企业梦想的实现。企业实现了梦想，而你的理想有可能实现，也可能实现不了，这就是说中间追求的过程有差异。这个差异就在于双方价值观不一样，差异越大你的理想越难实现；差异越小，你的理想与集体的梦想就越容易实现。

价值观是什么？是做人做事的方法或底线，也就是你对外对内做事的底线。

阿里巴巴有个“六脉神剑”：客户第一、团队合作、拥抱变化、诚信、敬业、激情，像六座金字塔一样。这个“六脉神剑”新鲜吗？一点都不新鲜。你们企业的五大价值观，可能有四条跟阿里巴巴是一样的。客户第一，有没有？肯定有啊！哪个企业敢说我们不遵循“客户第一”原则？还有团队合作、诚信、敬业等，肯定都有。

可是阿里巴巴的两条价值观，很多公司并没有：一个是拥抱变化，还有一个是激情。这两把“神剑”可能更互联网化，年轻人需要。

说到底，价值观是用来解决企业做人做事方式的，也就是大家在一起合作的方式。

价值观可以说就是裁判。我刚到阿里巴巴的第一个月，桌上就有两份报告放着，说要开除两个人。这两个人，一个是山东的，一个是广东的，都是非常优秀的销售人员。山东的销售人员把我们中国供应商的产品卖给了一个做内销房的房地产商，那为什么要开除他呢？我们的“客户第一”原则里边，有一条叫“不对客户做过度承诺”。他能把我们的这个产品卖给房地产商，一定做了过度承诺——我们根本不用看过程，看结果就知道。

刚把山东销售人员的问题解决了，广东销售人员的问题又来了。

广东的那个人更厉害。他是我们全国的销售冠军，一年为公司创造1000多万元的收入。所以他就会有很多客户，大概有50多个客户。阿里巴巴要求每个月回访一遍客户，想想他的压力的确很大。有一次他就偷懒，没有去，但他也在统计表上填了几月几号去了工厂，见了某一个客户。结果我们发现他没有去，填写的信息当然不是真实的，我们就开除了他。违背诚信原则属于我们规定的第一类过失。阿里巴巴的第二类过失可以有两次，第一类过失只能有一次。不用说，广东的这个销售人员只能有一次过失。

坚守那些企业的价值观，你当不当真很重要。你不当真，最好就别提价值观了，把价值观的内容往墙上一挂，开会的时候喊几句口号就行了，可那是没有用的。

使命、愿景、价值观是不可分割的整体。理解三者的要点如下。

第一，使命就是你这家企业想做成什么，要做的这件事情就是你的使命。但问题是，许多企业不会将大的使命进行以年度为单位的分解，不会确定出可实现的指标。这个年度实际指标并不是收入和利润那样简单，而是有几个维度的财务数据，建立几个维度其实就是在对企业的基因进行打造，而且考核指标一定是可以量化的。

第二，愿景是企业内的一群人想要实现的梦想，这个梦想需要有时间长度来度量。梦想可以喊得很大声，这是一种可以激励团队的力量。有些人会觉得有没有这个愿景不重要，但是在企业战略方向的选择上，它是企业文化价值观的矫正器。

第三，价值观就是一群人在企业规定了必须遵守的制度后，在内部的行为方式和做人的方式。价值观是软性的约束力量，也是帮助企业内部群体高效沟通的最重要的润滑剂。

有些创始人会认为价值观并不重要，只要把企业的指标达成就行。其实，价值观的重要性主要是帮助企业达成目标，企业目标达成的效率和难度与企业团队价值观的建设有极其密切的关系。在创业企业中出现的团队成长问题、员工对待客户的态度问题、部门协作问题等，说到底都是因为企业的价值观出了问题。

第二章 企业要定战略、搭班子、带队伍

柳传志和马云是我非常尊敬的两位中国企业家，我向他们请教的时候，他们都说过“定战略、搭班子、带队伍”这九个字。不过，马云告诉我的是“定战略、搭班子、带队伍”，事实上阿里巴巴也是这么做的；而柳传志告诉我的是“搭班子、定战略、带队伍”。两大企业家说的，九个字丝毫不差，只是次序不一样。

有一天我问马云：“你跟柳传志说的九个字都一样，为什么次序不一样，谁说得对？”马云说：“都对，在企业的不同阶段用不同的次序。”

企业草创的时候，是创业初期，请用柳传志的方法——搭班子、定战略、带队伍。为什么？我们叫“看菜吃饭还是看饭吃菜”。如果你刚创业，又没有马云这么强大的游说能力，那么就根据企业的人数，制定一个这些人能干的战略，所以是先搭班子后定战略。当然，带队伍也是一样的。但是企业做到一定规模了，就有机会先定战略，然后再搭班子。如果发现现有班子有欠缺的话，可以通过引进

人才来弥补短板，去实现战略。所以在战略效率当中，首先是“搭班子”还是“定战略”，需要视企业的具体情况而定。

定战略的关键为什么是复盘

说到定战略，我们如何把战略亮点找出来呢？

答案是：复盘。我每次见到柳传志时，不管跟他讲什么事，他总是问我这句话：卫哲，你复盘了没有？复盘是联想非常重要的企业文化和管理方法。

“复盘”是个围棋术语，就是一盘棋已经结束了再摆一遍。“复”什么？就是看那些试点项目有没有试出来，如果试出来了，那我们愿不愿意投入更多的资源；我们在项目中犯过什么错误，犯过的错误要记住，下次不能再犯。

所以我提出，战略效率提升很重要的一点是有没有给予“一国两制”，即让一些新的战略在风险可控的前提下去试一试。当年上海证券交易所创立的时候，邓小平就说过，大胆试，试不成就关掉。这是什么样的决心呢？战略是打出来的，而打出来之前是通过试点试出来的；试点要成功，你的企业必须要有类似“一国两制”那样的机制才行。

很多企业的三年战略、五年战略写完后，就束之高阁了。

我想问一下，有阶段性的复盘吗？有回头来看一看吗？战略的核心是取舍、排序、资源分配。如果最近发生了一件特别倒霉的事，比如，赔了很多钱或者做项目失败了，请问你复盘了吗？你成功了但却没有复盘的话，那就等于没有成功，因为你不知道自己是怎么做到的。所以我们每个季度有定期复盘，每年有一次大的复盘。

复盘很重要，复盘太重要了！

什么是战略？战略就是取舍。试点成功了“取”，试点不成功“舍”。要是试点的三个项目都成功了，怎么办？排序，排序决定优先发展哪一个。排序后再进行资源分配。什么是资源？人和钱。看看自己有没有把最好的人、最多的钱投入最看好的已经试点成功的项目上。

战略是第一件要确定的事，先问问你的企业有没有战略，很多企业其实没有战略。

如果你的企业有战略，那先来谈一下有战略的检验标准。有战略的检验标准是看你有没有定期复盘。你对团队三年前讲的话，还会复盘对照执行情况吗？凡是没有对照执行的，都没有战略。一个有战略的企业会回顾以前的战略做到没有，没有这个动作的企业都是没有战略的企业，都是拿战略忽悠我们投资人的。你的战略不是讲给投资人听的，而是讲给团队听的。如果你不是第一次定战略，那请问上一次定战略是什么时候？定完以后是否定期检查？有没有做到跟团队复盘？跟团队有说法了吗？比如，现在是 2022 年，你在 2019 年定了个三年战略，要把企业扩大到 1000 人的规模，做到 5 亿元的营业额，等三年战略到期的时候，你有没有沉下心来回顾一下？

每次我见到柳传志，除了“搭班子、定战略、带队伍”，他就问我战略复盘了没有，这是他问我最多的一点。我跟他讲，最近我做了一件事情，觉得挺成功的。他就问，你复盘了没有？我说，最近有件事没做好，感到特别受挫折。他还是那句话：小卫，战略复盘了没有？

复盘是什么？战略最重要的不是向前看，是向后看，这叫复盘。以前阿里巴巴的首席战略官、总参谋长曾鸣讲得最多的就是这个。

阿里巴巴是最讲究战略复盘、向后看的。你以为阿里巴巴的前瞻性这么强吗？没那么强，大部分时间它是向后看的。后面我会讲它怎么向后看，现在我要讲什么呢？

第一，战略定力。我们总说定战略，那你有没有定力？阿里巴巴是有定力的，是什么定力呢？到今天，阿里巴巴还是个互联网公司，还是个以电商为主的公司，其他的互联网业务都不重要。这个可是从 1999 年到现在都没变过，有定力吧。有人说这算什么定力，这个业务到现在已获利几千亿美元了，当然有定力。千万别忘了，中间我们受过无数次的诱惑，完全可以做互联网以外的东西。比方说，阿里巴巴出去拿块地，能挣多少钱？挣的钱比做互联网的还要多。可阿里巴巴没拿过吧，除了盖自己的办公楼，什么都没干过。虽然今天有人说阿里巴巴也涉足了游戏，可那是在什么时候，是在阿里巴巴的经营好起来的时候。很多人批评马云说话不算数，但要我说，这么点游戏你可以忽略不计，更何况直到今天才做这个，阿里巴巴已经很有定力了。当年我们活不下去的时候，怎么不搞游戏呢？这说明阿里巴巴有战略定力。所以定战略的核心，是各位创始人要有一些基本的定力。

我看到微信朋友圈中，很多创始人头像下面的签名叫“此生只为 AI”；过两天，签名就变成了“不做区块链枉活此生”。你不是“此生只为 AI”吗？怎么过两天就说“不做区块链枉活此生”了，你这一辈子到底要做什么呢？我只能说这些人一点战略定力都没有。所以，定战略之前要先有定力，明白我是谁、要去做一件什么事。目标实现的路径可以有很多改变，但想做的事不会改变。

所谓有定力，一是要经得起诱惑，二是要经得起考验。比如，你快饿死了，还敢不敢继续坚持想做的事？如果能，那么你的定力来自哪里？来自一内一外。

这里所说的“内”，就是你创业的那点初心，这是定力的第一个来源。

那么定力的第二个来源是什么呢？是对一些基本趋势的判断。我是坚定不移地反对“风口论”和“窗口论”的。“风口论”是什么？说风来了，猪都会飞。你想象自己是一只老鹰，老鹰在有风的时候不见得比没风的时候飞得快，甚至老鹰飞高了也受不了，因为它翅膀大、阻力大。但没风的时候老鹰能继续飞，猪就不行了吧！所以风口的特点是它会过去。那什么叫“窗口论”呢？就是说，哎呀，我不抓紧在这个时间扩张企业就垮了，在这个窗口期，你赶快把钱投资给我，如果不给我钱，扩张的关键期就错过了。要让我说，千万不要相信什么“风口论”“窗口论”，只要你有这种想法，你就一定没有战略定力。

所以我认为，首先，定力来自你的内心；其次，当你的内心受到挑战，需要一件事来检验一下的时候，那就需要对外部趋势进行判断。趋势跟风口的区别是什么？风口很快就会过去，而趋势是不可逆的、回不去的。趋势无非是时间早晚的问题，它一定会发生，只是快一点、慢一点而已。既然趋势已经摆在那里了，又是不可逆的，那么你的定力就有了。我有耐心，我等着，我熬啊！

这么多年来，马云一直坚持他做的事情。2009 年，我做得都快郁闷死了。有一次，我跟马云说，阿里巴巴也将近有两万人了，我们也很努力，晚上十点都在加班，同样做互联网，但我们一年挣的钱比不上腾讯一个季度挣的钱多。都是做互联网的，怎么他们赚钱像是卖金粉，我们干了半天还是卖面粉。马云说，你别急，你看啊，现在是2009年，“85后”还在玩游戏，只要“85后”还在玩游戏，腾讯赚的钱一定比我们多。但“85后”就业后，只要开始用电商消费，我们赚的钱就一定比腾讯多。他说，“85后”今天不在网上买东西，不是因为习惯没养成，而是因为没钱；“85后”只要一有钱，一进入消费主流，就一定会在网上花很多钱。

2012年第四季度，阿里巴巴的利润第一次超过腾讯。

这个就叫趋势判断。马云这话一讲，我心定了，没事嘛！我们当时悲观地认为，在2014年能超过腾讯，后来在2012年就做到了。虽然我们想得悲观了一点，但知道肯定会发生。

马云很早就说，淘宝的营业额交易量会超过沃尔玛。那时候我是做零售的，我说，你知道沃尔玛一年营业额有多少吗？他说，我不知道。我说，既然你不知道，那怎么会认为能超过它？马云说，这是趋势嘛，不可逆的。我说，告诉你，沃尔玛的营业额一年有3000多亿美元。他说，这么多啊！没事，我们还是能超过它，这个数字我们很多人都不知道，你别乱说，说出来大家就没信心了。当然，对趋势的判断是有挑战性的，不可能人人都像马云这么厉害。但对所在行业的一些基本趋势的判断，那是必须要有的。

所以战略定力是使你不摇摆的核心，有两点：一是初心不改；二是想干的那件事必须得到趋势的验证。你可能要问我，怎么来做趋势判断，对吧？每个行业都不一样，有的我了解，有的我不了解，但有些东西大致上的趋势是不可避免的，是可以判断的。比如，汽车的新能源化肯定不可避免。和汽车有关的，有些会变化，有些没变化。你是做汽车座椅的，你觉得无人驾驶汽车会不会没椅子？你是做轮胎的，无人驾驶汽车到现在没有讨论去掉轮胎吧？但如果你是做变速箱的，是做柴油、汽油发动机的，是不是要想“好日子”很快就到头了？我随便举个例子，新能源车智能驾驶，够热门了吧？我认为这是趋势。汽车不可能又回到全部烧柴油、汽油的时代，更不可能说不考虑新能源这件事了，不考虑汽车的智能化了。

“95 后”是独生子女，这是肯定的。“95 后”是中国“独生子女 2.0”，他们带来的行为特征趋势是不变的。以后中国租房市场比买房市场大，是肯定的；二手车交易量大于新车交易量，是肯定的；二手房交易量大于新房交易量，也是肯定的。判断趋势并不难。当判断趋势变得不再难了以后，你去想想当时想干的事，如果违背趋势了赶快改，如果不违背趋势，定力就有了。那你还怕什么，这么急吗？多少企业是熬出来的，所以说定力是必须要有的。

第二，定战略，并定期讨论。我看到有些企业一年讨论三次战略，完全不定期；还有些企业，讨论了一年战略，第二年就没有下文了，也不够定期。据我所知，阿里巴巴是最讲究定期讨论战略的公司，这是有纪律的。阿里巴巴什么时候讨论战略？每年只有一个固定时间：七月份、八月份。除了这个时间，谁敢在公司轻言战略，对不起，“杀无赦”。去年定的战略还没实施呢，就是错也得错明白，要做到底。很多时候不是战略不好，而是你不够坚决做到底，然后就认为是战略错了——其实战略没错。阿里巴巴每年只有在七月份、八月份会抽出一两个礼拜时间认真讨论战略，这个叫定期。

不定期讨论战略就麻烦了，一月份讨论，三月份讨论，七月份讨论，那你到底还有没有时间实施战略，去执行呢？还有一种情况是讨论完了，战略就搁在那儿了，永远不动了，这也不对。前面说了，你三年前说的事、制定战略，在业务计划预算中体现了吗？如果没有体现，那么战略永远是战略，预算永远是预算，完全脱节。所以定战略的核心，是要定期，定期意味着既不能一年中搞好多次，也不能一年中什么也不搞，更不能想什么时候搞就什么时候搞。

阿里巴巴讨论战略时的第一件事，就是看去年七八月份讨论完战略以后，执行情况怎么样。处于变化如此频繁的互联网行业，阿里巴巴都不轻言战略，而你没有面临这么大的行业变化，为什么要动不动提战略呢？

第三，战略取舍。你一定要问自己不做什么，而且一定要把不做的内容告诉团队。定战略不是先决定做什么，而是要会取舍。每个行业是不同的，中国有 14 多亿人口，这个产业、那个产业动不动就有千亿元、万亿元的市场，可做的事情很多，包括消费升级。十年前吃的鸭脖子是没有品牌的，今天我们知道了“周黑鸭”“煌上煌”“绝味”。光做鸭脖子，三家公司的市值加在一起就有 500 多亿元。光一个鸭脖子就可以做这么多，还没去碰鸡脖子、鸡爪子呢。你别急啊，鸭脖子还没做透，对吧？所以“取舍”二字中，“舍”很重要。这就是我经常说的，其实每个行业可做的事情很多。

扪心自问，你比“两匹马”（马云、马化腾）差远了，“两匹马”都有自知之明，每年要讨论战略，先确定什么不做，何况是你呢！今天你觉得腾讯确定不做的事情，是因为企业规模太大了。可是你的企业规模小啊，在小的范围内做取舍，是不是比大企业容易些？所以你一定要把不做什么写下来，并且告诉企业领导班子，这样战略定力也就有了。

每年讨论战略不会想出太多事来。比方说我们是做投资的，但不做早期投资，各位营业额在千万元级别的，别找我们，没办法，我们不擅长，因为我们已经踩过“坑”了。医药行业热门不热门？可我们目前不做。你们以为是因为没这个能力吗？不，我们几个合伙人出来给你们讲药，估计能把你们吓一跳。我们不碰区块链，你们以为是因为不懂吗？我们比很多号称很懂的人懂多了。AI（人工智能）热门不热门？可我们不投资。

每次我们的合伙人开会，总要决定一些事情，否定投资早期阶段的一些行为，否定要进入的某些行业，否定要进入的某些区域。北京我们都可以不去，北京的办公室我们都撤了，这是舍弃。我们的重兵压向浙江、广东，舍掉了北京的市场，才能集中精力把浙江、广东的市场“打”下来。我们有区域聚焦、行业聚焦、阶段聚焦，听上去都是聚焦对不对？但你要想想我们舍弃的东西有多令人心疼。阿里巴巴第一次上市的时候，只是市值 300 亿美元的公司，业务的 80% 来自浙江和广东的市场，利润的 90%

来自浙江、广东，再加半个江苏的市场。只凭借一家中国供应商、两个产品，做出市值300亿美元的公司，有多么了不起！在投资行业，有几个人敢说这几个领域我不考虑，这几个阶段我不考虑，这几个区域我不考虑？不是因为我们聚焦，是因为我们敢舍弃。我们都是走过弯路的，所以坚定不移地相信“舍”后才能“取”。

最后决定要做某些事了，还得考虑排序。一个企业只剩下一件事要做是幸运的，聚精会神地做好这件事就行了，千万不要想第二件事。但有的时候不一定，一个企业可能要做三件事，而且不能再舍了，那就需要对这三件事排序了。排序的核心是资源分配，资源无非就是人和钱。一定要把资源分配对了，这个一定要记住。

对很多企业来说，其实做不到排序。有一家企业，特别重视移动业务，整个企业有300个员工，放了30个员工去做移动业务，多重视啊！这家企业一年大约有1亿元的营销费用，在移动业务上就要花去1500万元，因为PC（个人计算机）平台有利润，舍不得嘛！他们的三年战略我看了，主要是说移动业务有多么重要。可制定完三年战略以后，排序和资源分配有没有做到呢？在人力上保证了没有？在资金上保证了没有？ 在组织汇报上保证了没有？

所以说定战略是定取舍，定战略是定次序。什么是定次序？比如，谷歌有个著名的“721 理论”：为核心战略安排 70% 的钱和人，为次核心战略安排 20% 钱和人，为剩下的战略安排 10% 的钱和人。这是谷歌啊，资源比你们多多了，厉害得不得了。可就是它，还要把 70% 的资源用在一两年内能看到的东西上，把 20% 的资源用在三四年内能看到的东西上，把 10% 的资源用在五年后能看到的东西上。有人说，既然你这么讲了，那我回去也这么做。但是，每家企业的实际情况不一样，你的企业不是谷歌，这么做未必合适，甚至连应用“721 理论”的资格都没有。

以前，阿里巴巴的资源分配机制叫“通关制”。什么是“通关制”？就像打游戏一样，在游戏里只有打赢第一个怪物，才能去打第二个怪物。比如，阿里巴巴今年决定做 A、B、C 三件事，资源怎么分配呢？首先把 A 完成，不完成 A 绝对不会碰 B；A 完成后，留下一支队伍继续处理 A，再抽出一支队伍去攻克 B；B 完成后，留下一支队伍继续处理 B，再抽出队伍去碰 C。这是另一种排序方法——“通关制”的排序。

我建议绝大部分企业在发展初期使用“通关制”的排序。如果你的企业要做三件事，那就等完成第一件事后再去做第二件事，否则就一直做第一件事。资源有限，人就是资源，哪怕是普通工人。能坐在这儿听课的人，至少得发两千人的工资吧？能解决两千人的就业问题，真的了不起，挺不容易的。那时候我在百安居，一睁眼就要面对三万人吃饭的问题，每个月要给三万人发工资，这就是压力。但越是这样就越需要想清楚资源分配的问题。

怎么搭班子

我们在谈搭班子时，首先要看有没有班子。有了班子后，再来讨论怎么搭班子。

第一，男女搭。有句话叫“男女搭配，干活不累”，真的是这样。一个很优秀的团队，如果团队成员清一色是男的，我就稍微有点担心。同样的，如果创始人团队清一色是女的，我也会比较担心。我没有任何性别歧视。在我们的合伙人团队中，保留了大概三分之一的女性。为什么？因为女性考虑问题的角度和男性不一样，双方风险承受能力也不一样。很多人想不清楚怎么搭班子，我建议先考虑男女搭配。程维旁边有个柳青，马云旁边有个张瑛，好多团队都有女将。

第二，老少搭。性别混合，年龄也混合。我经常看到很多创业团队的成员彼此是同学，这样搭班子，有好处，也有坏处。关于老少搭，我举个例子，在阿里巴巴，除了蔡崇信、张瑛立下奇功以外，还有一个关明生。马云是1964年生人，35岁时才创办阿里巴巴。应该说，在中国的“双创”环境下，这个创业年龄是偏大的。但关明生加入阿里巴巴时快60岁了。马云认为自己35岁的时候还不够成熟，只做过老师，搞过小型创业，需要比他年龄更大更有经验的人来帮忙。我们再来看看谷歌的两个创始人——拉里·佩奇和谢尔盖·布林，他们在30多岁的时候，请来了埃里克·施密特做谷歌的CEO，埃里克·施密特那个时候已经50多岁了。甚至Meta（脸谱网）的创始人马克·扎克伯格，请来的CEO也比他大十几岁。今天很多的企业创始人，会比马云、拉里·佩奇、谢尔盖·布林、马克·扎克伯格厉害吗？如果没他们那么厉害，那就要想想看，自己的班子做到老少搭配了没有？我想说，他们今天这么厉害的原因之一，在于比较早地意识到自己的不足，承认自己年龄和经验的不足。

请各位企业创始人看一下自己的年龄，如果年龄偏小，就要找年龄大些的人搭班子；如果年龄偏大，而现在做的事是面向“90后”“95后”的，就要找年轻人搭班子。我现在所在的这个核心团队中，合伙人的平均年龄有点大，所以不能面向“95后”群体去创业。我们的消费人群主要是“85后”，核心团队中的总监这一级都是“85后”，所以对“85后”比较了解。但即便这样，今天我还经常问自己，假如我们投资的一个产品或者一种服务，主要是面向“90后”“95后”，我们对这些群体了解多少？如果没有“90后”“95后”的合伙人，我们就不敢干这个事。班子是主动“搭”出来的，你在“搭”这个动作上是要动脑筋的。

第三，动态搭。班子不是一次搭完就不变了。在阿里巴巴的价值观里，有一条叫“拥抱变化”，什么意思？爱折腾啊。在创业第一天搭完班子，不代表班子就永远不变了，必要的时候要考虑改变。什么是改变呢？很简单，比方说，分工可以改改。之前彭蕾[①]退休，她说自己除了没有写过代码，几乎在每个岗位都待过，如人力资源、财务、营销等。我也一样，好像什么部门都管理过。所以说搭班子为什么不能改分工呢？为什么不能改汇报线呢？难道永远向同一个人汇报吗？

关于搭班子，有一个很重要的动作，就是动态地去考虑问题。中国的很多俗语都是很有道理，很有智慧的。“人挪活，树挪死”，班子得经常动一动。我每次都现身说法：

---

①彭蕾，重庆万州人，毕业于浙江工商大学企业管理专业901班。阿里巴巴18名创始人与合伙人之一，曾任阿里巴巴集团市场部和服务部副总裁、首席人力资源官、蚂蚁金融服务集团董事长。

我们把原来的组区管理改成行业分组、区域分组，现在是三个合伙人领三个组，这就是动态地搭班子啊。

动态搭班子有几个很有意思的做法，阿里巴巴、百安居也经常用。比如，两个部门之间有矛盾怎么办？对调、合并、分拆。阿里巴巴是最敢将部门并了拆、拆了并的，包括调换人员，这都是动态搭班子。没有哪一条规定说市场部和营销部不能合并。可是，如果两个部门老吵架，是不是合并成一个部门就不吵架了？也不一定。如果企业管理能用一本教科书讲清楚，大家也不用来听课了。有人问，企业管理中一定有科学的部分，也有艺术的部分，卫哲你跟我们讲讲什么叫艺术的部分？我认为，企业管理中艺术的部分就是反科学的。

有没有管理科学这门课，肯定有。有没有管理艺术这门课？肯定没有。

管理艺术课怎么上？把管理科学倒过来，违反一定管理科学的做法，就是管理艺术的部分。艺术是没有逻辑的。比如，管理科学认为千万不要因人设岗，可在阿里巴巴却有。很多岗位本来没有，却为某个人专门设了一个。搭班子有的时候会产生“近亲繁殖”现象。我举个例子，阿里巴巴有个庞大的客服中心，这个中心的负责人是某一个总监，大概率是个女总监。她本来是一线最优秀的客服，之后升任主管、经理，最后当了总监。对，这就是“近亲繁殖”。大部分情况下，被提拔的干部都是从一线岗位一路做上来的。这在阿里巴巴的客服中心表现得特别明显。

有一次我去携程（携程旅行网），他们也有个几千人的客服中心，我说带我去那里看看。陪我去的是个中年妇女，是客服中心的总监，很优秀。这么多年的电话打下来，她的嗓子不太好。怎么轮到她来当这个客服中心的头儿呢？说起来，跟阿里巴巴当时的情况一模一样，就是因为当年她是那里最优秀的客服、最优秀的主管、最优秀的经理，所以最后成为总监。

曾经我跟马云到阿里巴巴的客服中心走了一趟，回去以后，马云说，客服中心首先得改改名字。为什么叫客服中心？作为客户，你最关心什么呢？

所以我问那个女客服总监最关心什么，她关心的和普通客服关心的内容一样——所有数据。客服中心关心的无非就是这么几件事：一是响应率；二是处理率；三是人均一天处理多少客户量。比如，要求电话铃响三下就要接起，处理率要达到95%，等等。这个女客服总监当主管的时候关心这些数据，当总监时自然还是关心这些数据。她永远是这么替企业考虑问题的：明年我们的客户量翻一番，电话呼入量应该也翻一番。只要人均效率高，企业就应该肯定我。如果做到这个，就已经很优秀了。

可是你做到这些，是不是就等于做到极致了？

现在客户的变化越来越多，而人手却不能增加，只能向管理要效率。那天从客服中心回来以后，我和马云都觉得有点不对劲儿，是直觉上的。马云觉得客服中心关心的内容有问题，都是互联网时代了，还考虑这么几个问题。那该怎么考虑问题呢？他负责高瞻远瞩，我负责落地实施。马云说："把名字改了，不要叫客户服务中心，应该叫客户满意中心。"我说："你这个学文科的就是爱咬文嚼字。"马云说："你仔细想想，客服中心认为只提供服务就好，可我亲自接听了几个电话，觉得客户打电话过来的时候已经不满意了。最好的情况是，客户不给客服中心打电话。"你们想想，当自己给银行打电话，给支付宝打电话，给淘宝打电话的时候，其实心里已经多少有点不满意了。如果服务到位，你都没想到要打电话，这才是最好的。所以马云说，应该叫客户满意中心。好，他改完名字后撤了，任务就落到我这个 CEO 身上了。我想，不能光改个名字啊，改完名字后，什么都不变，这可不行。其实可以理解，马云说改名字，实际上是在改战略，改我们的方向。

我负责落地实施，那就要考虑，既然方向改了，班子一定要改。

第一，原来那个客服中心的负责人做得非常好，但是我倒过来想，这个岗位一直没用过男员工，用个男员工会怎么样？这个岗位历任的五六位总监，都是客服中心自己培养的，那我混搭一把，找一个跟客服八竿子打不着的人，去那里试试看。换个男员工，不是说女员工不好。如果某个部门的员工都是男性，那我肯定也想换女性试试，就是换种思路。

第二，我们的工程师全是男的，所以我把姜兴调去管客服。他后来是众安保险的CEO。他特别腼腆，跟女孩子说话都会脸红。我说："你这次运气好，老是跟我抱怨工程师团队没女孩子，这次把你扔到花丛里去，管我们的3000个女客服。"他吓坏了，说："老大，你开玩笑吧？"我说："你看，幸福来了，你又不想拥抱了，对吧？"阿里巴巴的价值观里有"拥抱变化"这一条，他咬咬牙就去了，但是提了个要求："我去了，保证明年业务量翻番。但现在已经有3000个女客服了，如果我一个人不加，你不会怪我吧？"我说："怎么会怪你呢？但前提是客户满意度不能发生任何变化。"因为害怕面对这么多女孩子，所以他不想加人，那就得动脑筋啊！如果不让这么多客户的电话打进来，就不用加人了。那就得去分析，为什么有这么多电话打进来，哪些电话其实没必要打进来。

那是 2007 年、2008 年的事，当时，找回支付宝账户的密码百分之百是要打客服电话的。他做了个分类管理：支付宝账户里面只有五元的客户，账号不值钱，可以通过简便的方法找回密码，不用打客服电话；支付宝账户里面有五万元的客户，风险程度比较高，还是需要和客服通一通电话的。通过这种非常简单的风险分类管理，一下子就去掉了关于密码找回的 99% 的电话，因为 99% 的客户账户里面没那么多钱，丢密码其实没那么严重。原来客服中心的思路是，既然公司规定密码找回需要打电话，那我就得把这项服务做好。

以此类推，他改变了客服中心之前的很多业务流程，再加上又是工程师出身，也提高了工作的技术含量。客户打电话给阿里巴巴的客服，大概率是在跟一个机器人通话。我们早就实现了这一点。不是我多么英明，而是马云高瞻远瞩。这个名称的改变，确实改变了我们的思路。

还是讲回搭班子。我一开始要混搭，因为这个班子已经很多年没有改变了，思维固化了。我就使用了前面说过的那几招：男女搭、老少搭、动态搭。还有一招，叫“搭组织”。就是说你的班子里得有组织，搭班子还表现为搭组织。

这几年我们做投资，要做很多尽职调查，其中包括跟对方要一张组织架构图。想不到的是，很多很有规模的企业，居然拿不出这张图。有的企业拿出的是几年前的组织架构图，有的企业拿出的组织架构图跟我们现场看到的不一样。请你问问自己，现在让你画一张整个企业的组织架构图，能不能画出来。

阿里巴巴有没有核心秘密？有。马云是绝对不会让阿里巴巴的组织架构图流传出去的，因为这是阿里巴巴的一级机密。马云说，如果哪家企业的组织架构图被他拿到了，他琢磨琢磨，就能把这家企业了解个大概。阿里巴巴的战略不是秘密，我们可以到处讲；但阿里巴巴的组织架构怎么分工，全线怎么设，谁向谁汇报工作等，这些不能到处讲。今天社会上有很多写阿里巴巴的书，你能从中看到阿里巴巴的组织架构图吗？看不到。这是阿里巴巴的核心竞争力所在，是不能讲的。我能讲的是，你有这张图吗？你关心这张图吗？你会定期调整这张图吗？马云是整天看这张图的。看了这张图，一个个形象都会浮现出来，这个人到底该不该在这个位置？让这两个部门向他汇报工作到底对不对？要不要把这个部门拆开？这些问题，是在看这张图的时候需要深入思考的。

我一直认为，世界级的管理大师不是靠在学校里读书读出来的，而是从实战中诞生的。有个原来卖饼干的路易斯·郭士纳，后来把IBM（国际商业机器公司）做得很好。路易斯·郭士纳说，我把一个销售区域拆了，变成两个区域，销售业绩就翻番了。这体现了什么？要搭组织，就要敢于对组织动手。我在阿里巴巴是不太敢向组织动手的，就是不太善于搭组织。为什么呢？我在去阿里巴巴之前，在两个不同的所有制企业工作过，一个是国有企业，另一个是外资企业。国有企业的组织、人事是规定好了的，不太好动。像百安居这样的外资企业，通常是把总部的架构定好，然后照搬到中国区，不太能动。如果有在国有企业、外资企业工作背景的人，通常都不太敢动组织。但大家千万不要被这个影响，组织是能动的，而且必须动。一些企业在很多时候为什么没有生命力呢？很大的一个原因是组织僵化。所以要搭组织，要敢于去想。

我大概讲了几个搭班子的核心原则，具体怎么搭班子，需要你回去后认真琢磨，能唤醒大家对搭班子的意识，我就没有浪费这些时间。

我们的团队曾帮助很多企业认真搭过班子。有一个案例，大概在2012年的时候，中国移动互联网已经发展起来了。某企业是做PC互联网彩票销售的，它是那时候中国彩票销售市场的“老大”。当时，移动互联网的彩票销售占比已经达到20%了，可这个公司只达到9%，也就是说，它跑输了大市。我们帮这家企业调战略、调产品，最后提高到 14%。可移动互联网彩票销售占比已经从 20% 上升到 25% 了，它还是跑输了大市。最后我们发现了问题所在。这家企业很重视移动互联网销售业务，也就是很重视无线战略，全企业上下总共 300 个人，专门抽调 30 个人组成了一个团队，叫无线事业部。我们去调研以后发现，这家企业移动战略、无线战略做不好的原因，正是在于内部成立的互联网团队。因为那儿有 270 个人，而无线事业部只有 30 个人。企业 CEO 完全不理解，为什么这两个团队各自背着 PPI（生产者物价指数），却互为彼此最大的敌人。内斗比外斗还激烈，就是因为组织结构的班子搭错了。如果你在互联网已经注册账户了，但想要在手机上使用这个账户，还得再注册一遍；如果你在手机上注册了账户，还得去 PC 端再注册一遍，因为双方的业绩是分开算的。按照营销预算，明明手机这边的营销回报率很高，但是如果固定预算用完了，不能动 PC 端那边的预算，双方的人员也不能互调。

所以，我们对这家企业的 CEO 说，你们的无线战略做不好的最大原因就是成立了无线事业部，因为对企业这么重要的事，只有 10% 的人去想。我们大胆建议这家企业，把这个无线事业部取消了，把人才分散到所有部门，并在所有部门的考核中增加了无线销售的占比。三个月后见效了，这家企业内部无线销售的比例超过了 30%，去美国上市了。你看看，调组织后企业的战斗力有多强。这家企业的 CEO 认为自己很重视无线战略，还专门成立了一个团队，放了 30 个人去做。但他没想明白，如果无线战略是全企业的战略，那是不是意味着根本不用去考虑 90% 的人呢？他当时创建这个团队是对的，但应该看清楚，要全力以赴地实施无线战略，就要全面扑进去，可他只是伸了条“小腿”，没有全身心地把全企业压上去。很多企业创始人就是在班子搭建这方面出现了偏差，后来又没有及时调整。这是我们做的咨询项目，是一个真实的案例，不是企业的产品、战略错了，而是班子搭建出了问题。组织没搭好，活力就释放不出来。

阿里巴巴是一个重视组织能力的公司。阿里巴巴遇到瓶颈，和腾讯遇到瓶颈不一样。我们当时可羡慕腾讯了，他们遇到业务瓶颈后，就研发一个产品、一款游戏出来，瓶颈就被突破了。阿里巴巴没有产品，淘宝是个产品吗？不是。马云说，我们最大的产品就是培养人。阿里巴巴是没有产品精英的，阿里巴巴最大的产品能力就是培养人的能力和锻炼组织的能力。阿里巴巴每一两年就能遇到一次瓶颈，每次遇到瓶颈，就想到调组织，也就是换人换思想。

至于换人后能不能突破瓶颈，不一定，但不换人肯定突破不了。我们有一个坚信不疑的观点：换人不见得能保证突破瓶颈，但不换人肯定突破不了瓶颈，挺辩证。其实不是说换人没风险，但不换人的风险更大。各位创始人一定要记住，换人是有风险的，调组织也是有风险的。但就像温水煮青蛙，等出了问题再调整是来不及的。

我把一个企业的成长比喻为四个阶段：幼儿园、小学、中学、大学。给一个幼儿园的学生讲再好的大学教材也没有用，但这不代表幼儿园的学生没有希望。反过来，一个幼儿园的特级老师不一定能教好中学课程。很多企业的主要问题出在搭班子上，所以我花了很长的时间来和大家交流。

我再次强调，战略是奢侈品，不要轻言战略。如果你不担心未来几个月发工资的问题，也不靠再融资去解决生存问题，可以考虑战略。否则，还没有资格讨论战略。

如何把握带队伍的几个主要关口

搭班子之前，我先用一个方法检验你有没有班子；定战略之前，我先用一个方法检验你有没有战略；带队伍之前，我想问你有没有队伍。很多人说，企业都有员工啊，有员工不就有队伍了？

队伍、团队是我们提的最多的词，带队伍也可以叫带团队。没有纪律的团队是团伙，团伙可以不要纪律。既然谈团队和带队伍，那么我想问几个问题：你的队伍有没有基本的纪律？你开除过人没有？你为了什么事情亲自开除过员工？

大家一定招过人，不招人怎么会有队伍呢。但你能不能做到开除这个人的时候，把开除的原因讲得很清楚？这个人老是顶撞我，老是反对我，我还要编个理由开除他，这就是没讲清楚。如果你没有亲自开除过人，那你就是没有队伍。你只会招人，不会开除人，这是没纪律的表现。

所谓队伍的基本管理，其实并不是在中间，而是在两头：招什么人来，请什么人走。队伍管理的中间环节出不了特别大的问题。明白了这层逻辑，你再摸着胸口问自己：我有队伍吗？我有没有对团队讲清楚，在什么样的情况下会请人走？团队是不是都知道我辞退一个人的标准？

没有标准，或者有标准但团队成员不知道，对不起，你没有队伍，只有员工。你没有讲清楚开除人的基本标准，那是很恐怖的。老板今天开除了一个人，明天又开除了一个人，人人都不知道哪天会被开除，这个气氛太恐怖了！但只要把开除人的标准讲清楚，就不会这样。比如，员工的业绩不达标、在规定的考核周期内没完成指标，就得走人。这在入职培训的时候就要讲清楚。

只要业绩达标的人，你就会留下吗？如果不是，请把业绩达标也不留下他们的原因讲清楚。阿里巴巴把价值观提到那样的高度，是有道理的。你问问自己，这个人每季度都能完成业绩，是不是就一定把他留下，一定晋升他，只要你的答案是“不”，请把“不”的原因写出来。好了，老板开除人的标准有了，企业就有纪律了，这叫又能打仗，又懂得精神文明。如果有业绩指标在那儿，又不忽略精神文明，那么价值观就不会出问题。

有了纪律，你就有了队伍。我们再来讲讲带队伍。有队伍不代表会带队伍，带队伍才是特别辛苦的一件事。前面建议大家定战略，最多每年想一次，别老去想，平时看到什么、想到什么就拿小本子记下来，定期去想。搭班子的话，大概一年考虑两次，不能整天在那儿折腾。最耗时间的是带队伍。很多老板是有队伍不带的，有了基本标准也不带，因为整天忙着见投资人、找订单，把队伍忘了。带队伍有以下几个要点。

第一，要以身作则。用这个词很没劲，跟家长似的。你自己做不到的事情，不要强求班子和团队做到。你自己能不能做到很重要。价值观的核心体现在于你本人。

第二，要身先士卒。“以身作则”和“身先士卒”是两回事。以身作则是指你给企业定了一个队伍标准；身先士卒是指有问题时你先上。“战术上的勤奋不能代表战略上的偷懒”这句话，是我在微信朋友圈里面常常看到的，但我想说，再厉害的战略，离开勤奋是做不到的。

别以为马云坐私人飞机很开心，其实他快被私人飞机折腾死了。有一年，他在私人飞机上总共度过了 800 多个小时。这是什么概念？一天有 24 个小时，一个月才有 700 多个小时，一个人一年有十分之一的时间在天上，你以为他会很开心吗？没坐过私人飞机的人觉得坐私人飞机很开心，可是让你天天坐、每次坐十几个小时，就不是那么回事了。

我认识的很多成功企业家都很勤奋，比如，高瓴集团的创始人张磊，某天上午 9 点，我出现在他位于香港的办公室，而他已经开完两个会了。所以说，勤奋是至少要做到的，这是件很痛苦的事。其实你可以有很多选择，不选择创业没有错、不丢人；做“打工皇帝”，也挺开心。做选择没有错，错的是选了以后却后悔。

第三，要有吃亏的准备。很多人说，企业创始人在前面吃了不少苦，可他们吃亏了没有？企业的创始人或者核心班子，都要有吃亏的准备。

什么是吃亏？马云在几个互联网公司的创始人中，是家族持股比例最低的，这就是吃亏。我去阿里巴巴，还没干什么事，1% 的股份就给我了，这绝对是马云吃亏、我占便宜。今天，我跟所有的合伙人说，我们嘉御资本只有一个，行政级别最高的人一定是吃亏最大的人。嘉御资本的合伙人跟董事总经理，在能力要求、基本薪酬、福利待遇、利益分配上是一样的，但二者还是有区别。合伙人吃亏了，上面还有管理合伙人，管理合伙人比合伙人还要吃亏；管理合伙人上面是创始人，创始人一定比管理合伙人还要吃亏。如果我们的一个项目在退出后有钱分的话，怎么分？行政级别低的人先分，这叫同股不同权。不是说我们行政级别最高的权力更大，也不是说我们不分，后分是可以的。今天我的年薪是 100 万美元，再多给我 100 万美元，也不会改变我的生活质量，我还是这样的我。如果把这 100 万美元给我的两个同事呢？这倒是会对他们的生活产生影响，那为什么他们不能早点拿？所以要“吃苦在先，享乐在后”。你仔细去琢磨这句话，没毛病。吃苦在先，没说不要吃苦，领导先去吃苦，员工才跟得上；享乐在后，也没说领导不要享乐，员工先享乐，领导跟在后面就可以了，并没有放弃享乐的权利。你把这个道理想清楚，核心的人性问题都被突破了。

很多人问选合伙人的标准是什么？第一，能吃苦；第二，能吃亏。如果找的合伙人是来占非合伙人便宜的，那还要他干吗？在嘉御资本，我到现在还是吃亏的，我特别愿意吃亏。团队知道我为嘉御资本付出了多少，放了多少钱进去。但是，我只拿 20% 的股份，起步的时候是 40%，每年下降，我不断地把股份送出去。嘉御资本创立的第一天，我就提出要 40% 的股份，因为只要股份超过 51%，别人就会认为自己是给卫哲打工的。我觉得如果要通过和大家比股份来证明自己对嘉御资本的控制力的话，那我做人也太失败了吧！在嘉御资本召开的会议上，如果我跟合伙人说，对不起，你们得听我的，因为我的股份比例大。这句话说出来，基本上代表我已经输了。用股份比例来说服人，这种事只能干一次，绝对不能有第二次。因为这说明你只有靠股份来说话了，人格魅力、能力已经没有用了，想想就挺失败的，对吧？

什么叫领导力？领导力不等于领导权，你不能以领导权服人，而是要以领导力服人。

大家去看一下《西游记》，唐僧一开始对孙悟空的管理，基本上靠念紧箍咒。孙悟空不服管教，唐僧就念紧箍咒，然后孙悟空就疼得满地打滚。《西游记》这本书看过了一半以后，你看唐僧还念紧箍咒吗？虽然不念紧箍咒了，但孙悟空还跟着他走，说明唐僧的领导力有了。各位做企业的手里都有“紧箍咒”：开除员工，年底不给员工加工资，这是坏的“紧箍咒”；给员工股权，发双薪加奖金，这是好的“紧箍咒”。不管好的还是坏的，团队都跟着你走，但你只是有领导权而已，那是因为别人怕你。有没有领导力，很好检验。你的企业从这个月开始全员工资减半，三个月以后可能发不出工资，你把这个情况告诉团队，看看会有多少人留下。留下的人挺多，说明你是有领导力的；一转眼人全不见了，说明你没有领导力。不是吹牛，今天嘉御资本有 30 多个人，如果出现刚才所说的情况，我预计大概有一半的人会留下。当然，走的那一半人，我也不会怪他们。

阿里巴巴是经历过这个至暗时刻的，甚至比这个要严重多了，三个月后，企业可能就没了。当时阿里巴巴可不是工资减半，而是减 80%。请你发自内心地问问自己，如果哪天团队知道企业出现了这么糟糕的困境，还会有多少人跟着你。请你也问一问自己，团队直到今天都跟着你，是因为你的领导权，还是因为你的领导力。所以刚才讲的创始人的领导力，核心就收在于领导力和领导权的区别上，这和带队伍有很大关系。

企业创始人的精力有限，但很多创始人把太多的时间花在对外的方面，把太多的时间花在考虑未来上。这不是说你不能考虑未来，而是说在自己还不够强大的时候，应该花三分之二的时间在对内的方面——搭班子、带队伍是最需要时间的；然后再花很多时间向过去看——要复盘。犯错误并不怕，一定要对过去的历史不断地进行总结。大部分企业犯的是同样的错误，好几次掉进同一个坑，而且有了钱后，掉进坑的次数更多，因为有钱才有机会犯更大的错误。有小钱犯小错误，有大钱犯大错误。创业是“九死一生”，甚至是“九十九死一生”，没有办法保证大家都能活下来。

有人问，搭班子时的组织调整，利益动不动？

各位 CEO 首先要做的是，不能弃权！真的，因为企业里你是最后决策的人。你说，这个问题我不表态，那不行，你必须表态。作为企业的 CEO，没有可以弃权的事。决策没有对错，以组织调整为例，改是对的，不改也是对的，要分情况来看。

现在来说利益动不动的问题。比如，有一个人原来拿 50 万元的薪酬，现在你让他去干一件事，不管干得再好，只有 30 万元的薪酬。拿得比原来少，你还让他去，我觉得这违背人性；但如果说干这件事一定给他 70 万元的薪酬，肯定也是错的。所以说，组织调整是重新设定，在重新设定中，利益一定有两种可能：比原来增加或比原来减少，这样就对了。不能说只要员工去一个新地方，就能保证让他拿得多，那叫晋升，不叫动组织，晋升后，利益当然要增加，但我刚才讲的动组织中不包括晋升。

既然晋升要让利益增加，那么降级肯定要让利益减少，否则降级的纪律不就没用了吗？阿里巴巴有很多人在内部都是被降过级的。降级的时候有两件重要的事情，一是要让对方心服口服，比如，当对方违反了企业的规定、业绩没有达标时，就该降级；二是要看有没有给对方看到回到原位的希望，从总监降级到经理，这辈子肯定回不到原位了，对方一定走。上述两件事都要做好。干嘉伟原来是阿里巴巴总部副总，我把他降级到广东区时，讲得很清楚，等广东区的业绩比浙江区好的时候，就回来继续当副总。人家做到了，当然可以回来继续当副总。

在阿里巴巴，被降级后又晋升回来的人不止一个。大家认为，企业执行的这种制度很公平。我们嘉御资本也有被降级后又晋升回来的人，他从总监降级到高级经理，再从高级经理冲回总监，很正常。我们就有这个文化，他也没辞职。所以，升官发财皆大欢喜，升官后没有发财，谁愿意升官？而降级，难就难在待遇是要跟着一起降的。

组织调整中最复杂的是平调，比方说，从北方大区调到南方大区，或者从南方大区调西部大区。这种平调，一定要给对方看到希望，这叫重设一个新的既定方案。这个新的方案与原来的方案相比，一定要有上下浮动的可能性，跟原来的方案一模一样，那就错了。一定要让对方看到，既有可能比原来拿得多，也有可能比原来拿得少，围绕这个机制设计新方案，一般不会出错。

前面讲的这些，对很多创业者来说，可能是在企业管理中第一次遇到的问题。对我这种“老司机”而言，这样的事已经干过几十次，不把这种经验借鉴给企业创业者去用，真的很可惜。

接下来，我讲讲企业核心班子中新人和老人的融合问题。

企业要发展，核心班子中没有新人肯定不行，一旦有了新人，新人和老人的矛盾就出来了。要从以下三个角度考虑问题，把这些考虑清楚，问题不大。

第一，经济利益。什么叫新老划段？我举个例子，比如，你的企业要给员工拆股，老杨是企业的老人，现在的职务是副总，你要给他十万股；旁边的小黄是新人，但级别跟老杨一样，你给多少？前提是你一定要讲清楚，老杨拿十万股是因为跟着你创业五年，拿了五万股，这叫“先干后给”；还有一种是“先给后干”，只要老杨还在企业当副总，就应该再拿五万股——这是先给了，但还没干。因为小黄没干这些，所以不需要给他“先给后干”的部分。如果他们职务一样的话，这就叫一视同仁。所以给多少不重要，重要的是你有没有想清楚这一点，即对新人的经济分配原则是“先给后干”；对老人的经济分配原则由两部分组成——“先干后给”“先给后干”。这个规则一定要在新人还没来企业之前，尽快制定并遵守。要跟新人讲清楚游戏规则：老人对企业有历史贡献，必须认可，这个叫“先干后给”。如果老人不在原来的位置继续干了，“先给后干”的部分自然不用给了，但不能剥夺他们应得的东西，“先干后给”的部分要保留。

新人和老人的工资差距很大，怎么办？很简单，我能用两年的时间，消灭这个差距。有一个办法就是推行同工同酬，某一个岗位的工作，新人能干好，老人也能干好，那就应该没有新人和老人的区别。如果老人干不了这个岗位的工作，那我就让新人干；如果老人以后能干这个岗位的工作，我还给他应有的待遇。关于工资，企业没有不透风的墙，所以我给岗位设定了薪水，谁有能力谁就来竞争上岗。我把这叫作“新老划段、同工同酬”。

第二，政治权力。新人、老人也好，权力小、权力大也好，都要“定岗定责”。我心中没有新人、老人的区别，无论是新人还是老人，在这个岗位该承担什么职责、有什么权力，都要一视同仁，这叫政治权力。

第三，情感维系。要重视这件事，新人来了，不能冷落了老人。我们嘉御资本最近也增加了将近三分之一的新人，搞团建活动的时候，我既要关心每一个新人的落地情况，也要关心老人的情绪；既要跟新人在一起搞活动，也要把老人组织起来聚餐。在阿里巴巴，马云和 18 个创始人每年都会聚餐。嘉御资本这几年来也有离职员工，但我每年会把离职员工请回来吃顿饭。所以要重视情感部分。

我通过三个角度来回答核心班子中新人和老人的融合问题，即经济利益、政治权力和情感维系。把这些考虑清楚，基本就考虑清楚了新人和老人的融合问题。其中，比较复杂的是经济利益，所以要多花点心思。

说到激励力度，我经常说，马云最厉害的一点是对人性的充分理解，他把很多人性问题看明白了。帮他排排序的话，他对人性的理解排第一，对商业的理解排第二，对互联网的理解排第三。他最了不起的，就是在很多制度设计上，充分表现出对人性的理解。

重赏之下，永远比别人领先一步就很好了，不能领先两步。

什么是领先一步呢？比如，在阿里巴巴，员工每次可以卖多少股份，并没有一个线性的规定。我们当时想的是，让阿里巴巴这些优秀员工拿到的钱，足够先买第一辆车、第一套房，让他们成为同龄人中第一批买车买房的人，就可以了。这并不是说剥夺员工后面享受的利益，法律明确规定归员工所有的，肯定一分不会少。当时，阿里巴巴内部有个标准，就是让年轻人通过努力成为同龄人当中的佼佼者，成为比别人领先一步的人。领先一步，自豪感、优越感就出来了，领先两步就有点飘了，所以既要保证有阶段性的认可，又不能让员工过早地放弃奋斗。在百安居的时候，我们团队的车是最好的，出去开会，我们开的车是奔驰、宝马，旁边的人开的车是桑塔纳，这感觉就好多了。其实大家的工资都差不多，但企业可以通过种种激励手段，让自己的员工比同龄人或者同一级别的人领先一步。说白了，压制住竞争对手就可以了。让员工觉得，在你这儿干，比去竞争对手那里总要领先一步，而且不是一次性领先，是总要领先一步，这叫压制同行。

在企业实际运行中经常出现这种情况，有些人加入班子以后，你才发现他并不合适。那怎么办呢？很多创业者在引进核心人时花的时间并不多，功课也没有做透。如果这个高管对企业很重要，猎头推荐这个办法没错。但来了以后才发现不合适，至少说明两点，第一，你在考察对方这方面，花的时间真的不够；第二，你考察对方的场合不对。

这个人来了以后，要天天跟你共事，而来之前，你和他只相处了两个小时，两个小时能看清楚多少东西呢？

我找一个合伙人要用一两年的时间；找一个董事总经理，大概不会低于 10 个小时的时间。而且我一定要在不同场合和对方相见，一定要跟对方吃饭、喝酒，甚至一起旅行，如果对方不排斥，我也会去他的办公室，等等。换句话说，一定要把对方在不同场合的表现搞清楚，因为人在不同场合的表现是不一样的。王利芬老师在央视主持节目的样子，和坐在这儿不一样；王利芬老师一会儿去吃饭，状态又不一样了。在不同的场合，能看到一个人的很多方面。既然对方这么重要，也可以把他的家属请来，因为什么样的家庭决定着他是什么样的人。所以，考察一个重要人物，不是在办公室面试两个小时就能考察清楚的。对方一到你的办公室，必定本能地做出面试的姿态，这还真不是刻意包装自己，因为在办公室见面，你跟他的角色不一样，也不平等。

不用猎头最好，但即使是猎头推荐的高管也没关系。你要问问自己，对这个高管需要的能力因素想清楚了没有？更关键的是，这么重要的一个高管，他的能力以外的因素是什么，在来之前你有没有画个像？对于级别低的一般员工，只要考虑能力因素就可以了，而随着级别变高，招聘中的非能力因素就变得很重要了。能力因素中，专业能力是很好判断的，比如财务、IT（互联网技术），这是能力因素。可是招聘高管，一定要考虑非能力因素。就像是我在前面讲到的，你开除一个业绩非常好的员工，要讲明原因。同样的，你招聘一个员工，除了能力以外，还有什么原因？我没有标准答案，但是你一定要问自己。

如果高管不合适，最后走了，你要问自己，是对方的能力没有达到你的期望，还是能力以外的原因。这没什么，职场上入职、离职很常见。重要的是要积累经验，下回招聘高管就不能再走老路了。所以，第一，一开始就要去判断高管的能力模型，看自己有没有想清楚能力期望值；第二，看自己有没有想清楚对能力以外因素的期望值。如果把这两点想清楚了，就再来招聘一次。没有人天生会雇人，就像没有人天生会开除人一样。阿里巴巴带队伍经常强调的，其实就是前面我说的雇人和开除人，这是最显功力的。犯了错误不可怕，但犯了错误要复盘。关于招聘高管，就按照这样的步骤：先确定高管的模型，包括能力模型、非能力模型；然后花时间、换场合跟对方进行交流。

有人可能会说，我当初招人犯了错误，是因为太忙、没空。可你仔细想想，招人是为了让自己不要忙得连轴转，结果因为不合适，你要把招的人换掉，还要再招人，这样更忙。所以从长远来看，还不如在这个人来之前，你在他身上花更多的时间。

关于人才问题，不外乎招聘、培训、考核以及如何带团队这几个重要关口。除了一些常规事项，有些环节和技巧要特别引起大家的注意。

第一个关口是招聘。

中国企业什么时候容易“死”？跨两级管理时最容易死，这叫“两级死”。什么意思呢？开始的时候，企业创始人带着几个人、几十个人，直接管是没问题的；后来中间隔了一个经理层，也还好。但大部分中国企业的管理瓶颈是出现了两级管理，即从创始人到第一线员工之间隔着两层。出现跨两级管理时，大部分企业要么停滞不前，要么崩盘“死”掉了。出现这样的结果，不是战略问题，不是模式问题，而是在两级管理环节中出了问题。

你在创业时自己带队伍，亲自招聘、培训，管理上的成效完全看得到。后来你跟一线员工之间隔了一个经理层。就好比爸爸带儿子的时候，爷爷能看得见，但隔两代人带孩子，就看不见了。原因很多，但有几个是很多企业容易犯的错误。

其一，过早或轻易地下放招聘权。阿里巴巴刚创建的时候，大概有四五百人。那时候招聘任何人，包括前台接待、保安，都是马云亲自面试的，所以今天阿里巴巴诞生一些传奇性的人物、励志性的人物，没有什么稀奇的。我觉得，如果前台接待是行政经理面试的，他的最后出路就是当行政经理；但如果是马云面试的，他就有可能成为副总裁。阿里巴巴的首席人力官，做过菜鸟网络董事长的童文红，过去是个军嫂。她从前台接待做起，然后做行政经理、人力资源，管业务、管客服，最后升任阿里巴巴的首席人力官。

同样的，有一个保安“花名”叫杨过。听他的名字，有点像武侠小说里的少林寺扫地僧。在阿里巴巴，保安分为楼内保安和楼外保安，即内部和外部两种。因为楼内的工作会接触产品开发等敏感内容信息，所以楼内保安是自己的员工，楼外保安是外包的。这位整天在楼内晃悠，在旁边听产品开发团队的解说，偶尔还会插嘴。他插嘴的时候，产品经理就很烦躁：你老是插嘴，有本事你来干。结果“杨过”一干就是两年，两年后他成了产品总监。

我也碰到过很多中小企业的老板，企业人数大概是一两百人。其中有些老板说，招聘是人力资源部门的事情，我不再管招聘了。我就问对方在忙什么，他说，我要开会、出差、做销售、做服务。我说，你在降级，在做不该由你做的事。为什么降级做这些事呢？因为你没有把时间花在招聘上，招聘来的人不行，所以要替他们做本来该由他们做的事，这形成了恶性循环。所以，很多跨国公司坚持至少跨两级招聘，阿里巴巴一度恢复到跨四级招聘。比如，阿里巴巴广东区的总经理下面有城市经理，城市经理下面有业务主管，业务主管下面有普通销售、客服。恢复到跨四级招聘，就代表广东区的总经理要直接面试普通销售、客服。当时，广东区有一千人，每年至少有两三百人流动，可想而知要招多少人。在阿里巴巴时，我超过三分之二的时间都在做人事工作，一年要参与 200 多场面试。

所以关于招聘，很多企业犯的第一个错误是过早或轻易地下放招聘权。正确的做法是，即使招聘成为人力资源经理的专事，但企业领导层至少要做到跨一级招聘，即 A 向 B 汇报工作，B 向 C 汇报工作，招聘 A 时，C 也要参与面试。

其二，只重视业务技能，忽视非业务能力。我在前面讲了因马云面试而诞生的奇迹。招聘权下放会出现很多问题，最极端的例子：很多经理入职才一个多月，居然又去招聘新人了，他自己并不了解企业的文化、价值观，甚至对岗位的要求也不完全清楚。这有点像国民党抓壮丁，自己刚刚来当兵，没多久又去拉新丁入伍。同样的，一个员工刚来企业没多久，身上还没有企业的味道呢，就替企业去招聘新人了，那招聘来的人怎么样？企业的味道全部被稀释了，这是多大的风险！

太多的企业有这样的问题：一是创始人的权力轻易下放，让很多级别很低的人去招聘，自己不再管招聘了。二是让新人再去招聘新人。三是招聘的时候只关注业务能力，忽视非业务能力。

业务技能很好判断，你是做销售的，那以前的业绩是多少、卖什么产品；你是做主管的，那以前管多少人；你是工程师，那以前做过什么样的程序。可是一个企业招聘人，难道只看业务技能吗？我希望每个企业都回答这个问题：企业在业务技能以外需要什么样的人？

每个企业有每个企业的味道，阿里巴巴招聘的时候有“闻味官”，他要闻闻味道，看看对方跟自己是不是一类人。把人分类没有对错，错的是什么呢？不同类的人天天要坐在一起共事，心情不愉快、工作效率低的痛苦样子可想而知。味道怎么去闻呢？要动脑筋设计一些问题。很多人整天打听阿里巴巴的面试问题，我说，告诉你也没用，因为很多问题是开放式的。比如，某个岗位特别需要能吃苦的员工，你不能直接问对方是不是能吃苦，没人会说自己不能吃苦；企业需要招聘诚信、守信用的人，你也不能直接问对方是不是诚信。那到底问什么？我在这里举个例子，大家根据实际岗位的需求去设计。

以前我招聘时特别关注两个“吃”字，一是能吃苦，二是能吃亏。那就涉及提问方式，我不能直接问对方能不能吃苦、吃亏呀。我把问题稍微改了改，挺灵的。我说：“赵同学，能不能讲讲你这辈子吃过最大的苦是什么？”这是开放式的问题，答案五花八门，甚至很奇葩。赵同学回答说：“我从上海坐火车去南京，那时候是绿皮车厢，夏天没有空调，我还没买到坐票，是站了两个小时到无锡的。”这是他认为这辈子吃过最大的苦。站了两个小时，是这个人吃过最大苦的标准了，你敢用这人吗？再来说吃亏，我收集到的最奇葩的回答是：“我吃过最大的亏，是小时候和我同桌的女同学向我借了块橡皮，直到毕业也没还我，但我竟然都不跟她生气。”多小的心眼啊，20 多岁了，还记得同桌借他的橡皮没有还，这是他认为吃过最大的亏。这样的人你敢用吗？

其三，要学会“降一到两级选人才”。举个例子，一个月薪 10000 元的岗位需要招聘人，通常是在之前月薪是 8000 元—10000 元的人里去挑。后来发现，这样的人来了以后流失率很高，因为他并不满意，认为原来挣 8000 元工资，跳槽挣 10000 元很正常。所以我们得到的结论，与前面“不轻易下放招聘权”相反，叫“降一到两级选人才”。

阿里巴巴有句话叫“平凡的人做非凡的事情”，我们不追求精英文化。什么叫降级呢？如果一个月薪 10000 元的岗位需要招聘人，就应该从之前收入为三四千元的人里面去挑，他来了以后会有翻身做主人的感觉，成就感特别大，特别感谢企业给他这个机会，因为他在外面没有这样的机会。

当然你会说，为月薪 10000 元的岗位招聘人，从 8000 元收入的人群里容易挑，但从三四千收入的人群里难挑。我要说的是，要是容易，还要在座的诸位干什么？在座的诸位就是要做不容易的事情。我经常说，从 8000 元收入的人群里挑出一个你愿意付 10000 元月薪的人，大概要面试三个人；从三四千元收入的人群里挑出一个你愿意付 10000 元月薪的人，大概要面试三四十个人。我相信各个地方一定有被埋没的人才，比如，有人可能因为高考的一分之差与名校失之交臂，最后录取到了普通高校。阿里巴巴很少去清华大学招聘，我跑到华中科技大学，能容纳 1000 多人的场地挤进了 2000 多人。阿里巴巴很多优秀的工程师都是武汉邮电大学、华中科技大学的学生，并不是来自清华大学、北京大学这样学校的学生。清华大学、北京大学的学生，永远有比去阿里巴巴更好的机会，但在武汉邮电大学、华中科技大学的学生眼中，能去阿里巴巴就是他们最好的机会。这叫跨级招聘人才、跨级选用人才。

第二个关口是新人培训。

企业培训要抓“两新”——新人和新干部。

阿里巴巴非常重视新员工的第一堂课，马云亲自讲第一堂课，一直坚持到 2006 年；我从 2006 年接手，一直讲到 2011 年。当时，一期新人有两三百个，一年有几千个新人入职，仅新人培训一项就要讲几十堂课，工作量很大。新员工的第一堂课，一定要由企业的创始人讲，讲的内容不是专业技能，而是我们的企业为什么成立，团队为什么存在，企业走过的路，我们对内做事、对外做事的规则是什么，等等。通过这些故事，把企业的使命、愿景、价值观讲清楚、讲透彻。关于新干部的培训，更要高度重视。没有人天生就会做干部，把没有做过干部的人提拔成干部，自然需要培训。在阿里巴巴，真正的核心主管是一线主管。我认为，马云成为一个符号有时候特别冤枉，因为很多员工从阿里巴巴离开时都会埋怨马云。其实很多员工离职，并不是因为对创始人不满，而是对其主管不满。员工之所以埋怨马云，是因为他们的主管代表马云管理了他们。在一定程度上，公司的主管代表着创始人。所以，别拿主管不当干部，主管是最需要培训的。提拔新干部，需要的是这个人的经验、资源和能力，而不是其价值观。在阿里巴巴，所有新干部都要跟着销售人员去一线见客户。那时候，阿里巴巴即将上市，在路演的过程中，我的CFO入职了。于是，我提出推迟路演，让CFO跟着销售人员去见客户。由此可以看出，阿里巴巴多么看重对新人和新干部的培训。

企业做培训还要注意一点——贴近实战。有培训必有考核，有考核必有淘汰，否则就不需要培训。阿里巴巴的培训像地狱一样，工程师甚至会连续88个小时不睡觉、疯狂写代码、睡行军床……有很多人扛不下来，但也有很多人坚持下来了。工程师们在“双十一购物狂欢节”期间可以70多个小时不睡觉,因为在培训的时候已经经历过了。所以，切忌把培训做成团建活动和素质拓展那样，吃吃喝喝、唱唱歌就行。虽然培训时很开心，但员工一上岗就不能胜任工作了。企业对新人进行高强度的培训是负责任的表现，把合适的人挑选出来，让不合适的人不要在这里浪费人生，早点离开。所以，培训要贴近实战、胜过实战。

此外，培训既要有专业能力上的培训，也要有专业能力以外的培训。每个人都带着各自不同的梦想进入企业，企业要有自己的“清规戒律”，要跟员工讲清楚企业的文化、价值观。举个例子，当香客带着不同想法、不同目的进入寺庙时，寺庙门口的小和尚绝对不会问香客是否信佛，或者让香客背诵一段《金刚经》再进入。但同时，香客在寺庙里要遵守寺庙的规矩，不能破坏。比如，不能在寺庙里啃鸡腿，如果这样做了，那一定会有小和尚过来说："施主，要吃鸡腿请到外面去。"在阿里巴巴工作也一样，员工可以带着不同的梦想来，买房子、买车、成家都行，阿里巴巴不会让员工宣誓"让天下没有难做的生意"，但是一些基本的底线原则要让员工知道、了解、守住，这就是能力以外的培训。

第三个关口是考核。

先讨论一下考核频率的问题。一年只考核一次，跟没考核差不多。考核的目的是让员工完成自己的全年任务，继而是为企业完成全年任务。到年底才考核一次，员工个人任务完不成就算了，如果任务完不成的人多出几个，企业的全年任务也有可能完不成。所以，如果一年只在年底考核一次的话，就失去了考核最重要的目的。

那一年需要考核几次呢？你自己看着办，总之一次是不够的。我现在在嘉御资本，一年考核两次。阿里巴巴有些部门一年考核四次，基本上一个季度考核一次。

解决了考核频率的问题，接着要确定考核的内容是什么。无论是考核还是招聘，我都要提醒大家不能犯一个错误：招聘只看能力因素，不看非能力因素；考核只看业绩因素，不看非业绩因素。阿里巴巴提出业绩因素和非业绩因素各占 50%。如果你通过业绩因素拿到了 10 万元的奖金，但你的非业绩因素做得不好，奖金可以被减掉一半——明明该拿 10 万元，现在只能拿 5 万元。但如果你的业绩因素做得好，非业绩因素做得也好，那么 10 万元的奖金可以变成 15 万元，这叫上下振动幅度为 50%。

阿里巴巴的非业绩因素主要是团队分、策略分、价值观分。大家如果觉得太复杂、招数太多，就学一招——业绩因素加团队分就行了。

什么是团队分？很简单。你现在有六家摄影店，其中两家的年收入做到了 2000 万元。当你打算开一家新店时，其中一家店的店长向新店输出了一个副店长和两个最好的摄影师，同时另一家店的店长拒绝调人。虽然两家店的年收入都做到了 2000 万元，但被抽调了部分员工用来支持新店的店长更不容易。给双方同样奖励 20 万元，对于被抽调员工的店长来说是不公平的，应该为其增加奖金系数，而不能只停留在口头表扬上。也就是说，除了因为业绩成果给予双方 20 万元奖金外，还应该对团队分高的一方进行再奖励。不难设想，如果到了年底，没有被抽调员工的店长流失了几个摄影师，成立了独立工作室，就会成为你的竞争对手。这就意味着团队出了问题，虽然没有影响当年的业绩，但一定会影响来年的业绩，所以应该把这位店长的 20 万元奖金减下来。所以所谓的非业绩因素，都是用来帮助公司可持续发展的。

无论如何，考核的第一件事绝对不是只以业绩论英雄。考核结果要排队，不排队等于没考核。“271 排队法”不是由阿里巴巴发明的，是由通用电气发明的。什么是“271 排队法”？“2”指团队中表现最好的前 20%，“7”指占据团队大多数的 70%，“1”指团队中排在末尾的 10%。“271 排队法”既要竖着用，也要横着用。举例来说，一个门店里有 50 个员工，竖着用是指要明确表现最优秀的 20% 和最差的 10% 是哪几个人，即前 10 名员工、后 5 名员工是谁；横着用是指要明确前 10 名员工中，表现最优秀的 20% 和最差的 10% 分别是谁。划分出来以后，把精力花在“2”和“1”上。晋升奖励与“2”有关，企业未来的干部储备也在“2”里。“1”则意味着团队中的问题，这 10% 是下一步要被处理的。如果企业文化比较强悍，要将考核结果公开化，让每个员工清楚结果，知道彼此所属的范围和所处的位置。另外，考核后还要有所行动。

招聘、考核、培训是人力资源管理的“三板斧”。作为创业公司，“三板斧”可不能丢。如果说，使命、愿景、价值观是“道”，那么“三板斧”就是“理”。但这个经不能念歪了。没有好的使命、愿景、价值观，只练招聘、培训、考核这“三板斧”，就算练到最好，你的公司也只是一家传销公司。

今天的创始人，不要去纠结模式，不要搞得五花八门。回到使命，你当时建立企业时想干什么，想解决什么问题？这就是你的企业在赚钱以外的那么一点想法。坚持这个想法，为了实现这个想法给自己确定一个愿景，慢慢形成企业价值观和企业文化，然后就可以有战略和战略目标。各位创始人，请你们“接地气”吧！把三分之二以上的时间用在跟人有关的事情上，你要亲自做招聘、亲自做培训、亲自参与考核。你考核多少人？是怎么考核的？要什么结果？怎么去考核？通过考核，企业上下都练得步调一致了，你做不成什么？

第四个关口是如何带团队。

说到人，对我人生影响最大、帮助最大的是人。我个人对环境的适应能力很强，可大多数时候，是很难改变环境的。对我影响最大的是我曾经跟随过的一批人。关明生教过我的几件事，令我终生难忘，其中一件是在任何情况下，一定要找到一些可以肯定团队的事，即使今天有些是你要否定的，但也先从肯定开始。

关于投资人和创始人，我认为二者在一开始对未来的期望值肯定是一致的，否则投资人不会去投资。同婚姻一样，如果没有达成一致的期望，双方是不可能结婚的。这里的期望包括估值、业绩是否达标等。双方的期望值出现差异的时候，就是矛盾开始的时候。要注意的问题是，就像孩子上学一样，家长最怕的不是孩子考试成绩不及格，而是为了好成绩在考试中作弊。投资也一样，投资人可以要求创始人每个月、每个季度汇报业绩，可以看财报、看数据，但不能逼着创始人去作弊。其实，我们这个圈子里存在很多做假业绩给投资人看的情况。同时学几门功课，肯定会有考得相对较好的科目，或者某科目考试成绩比上一次有进步，这些都是值得肯定的方面。关于成长，月考既重要也不重要，因为月考不是人生中的最后一次考试，考不好天不会塌下来。最重要的是要帮创始人找到原因，进而解决问题；暂时找不到原因也没有关系，可以等待。只要最后一次考好，上市的时候考好就可以了。月考考好了也得分析原因，看看下次是否还能考好。如果比同行优秀太多，也要看看是否作弊了。

肯定之后是提问，询问他们做事的初衷，以及怎样一步步走出这种结果的。

在提问方面我有个经验，要注意说话的语词和语气。即使是不恰当的口头禅，也要做到及时修正。例如，不要说“你们公司怎么样”，而是“我们的公司怎么样”，因为投资之后不再只是“你们公司”；不要说“你们团队最近有没有新人来”，而要说“我们团队最近有没有新人加入”；不要说“你们团队怎么走了几个人”，而要说“我们团队好像又有人走了”。语词、语气一变，立场就不一样了。投资之后，投资人跟创始人的关系不是对立的，二者之间有很多利益是高度一致的。即使没有投资，只是咨询关系，那也是“一伙儿”的。

再说说人员流失。阿里巴巴是一个特别看重人力资源的公司，但即便如此，在人力资源上也走了很多弯路。2006 年我加入阿里巴巴时，向人力资源部询问工程师、销售等岗位员工的离职率，得到的答案是 10%。我认为十分了不起，因为工程师和销售都是流失率特别高的岗位。人力资源部负责人回答说：“不，我们没有说清楚，离职率是一个月 10%。”

年化 120%，相当于一年换一遍啊！

我接着问：“关于员工流失的问题，你们采取什么措施了吗？”

“采取了，设定了流失率指标，把它作为各级 HR 和各级干部的 KPI 考核。”

“效果怎么样？”

“还不如不设定这项 KPI。”

“为什么？”

"该留的一个也没留住，该走的一个都没走。"

可见，设定流失率指标并不能解决人才流失的问题。我们做了个诊断，为什么员工的流失率这么高？分析下来只有一句话，人力资源的源头——招聘出了问题，也就是我们前面提到的过早下放招聘权、只重视业务技能而忽视非业务技能，以及没有降级选用人才。

今天新招聘的员工主力已经是"95 后"了，"90 后"在很多企业应该已经是主管甚至是经理了。"95 后"刚刚踏上工作岗位，我们要了解一下"95 后"和"90 后"、"85 后"有什么不一样。

刚才说到 2006 年我去阿里巴巴的时候，招聘销售倾向于招聘"苦大仇深"的孩子，说得极端一点，饿过肚子、小时候穷过的那种最好，因为这个岗位特别苦，要通过奋斗改变自己。2006 年我们决定跨级招聘时，招聘了大量这样的人，也培养出大量的干部。最近我又问了分管这块业务的副总裁："现在招聘的应该都是'95 后'了吧，'苦大仇深'的还招聘得到吗？"对方说："'苦大'的没了，'愁深'的更多了。"1978 年，中国实行改革开放，1992 年前后，改革开放的成果逐渐显现了出来。"85 后"、甚至一些"90 后"，小时候的日子并不太好过。而"95 后"之后，再找饿过肚子的，没有了。"95 后"没有那种吃苦的意识，对未来特别憧憬，信心又特别足。“85 后”是存钱的，“90 后”是不存钱的，“95 后”是敢借钱消费的一代人，这是各位做人力资源以来没有见过的。

对“85 后”而言，还有“叔伯姨舅”的概念，但对“95 后”甚至更小的孩子而言，这个概念已经越来越淡化了，他们的心理安全感更弱。人力资源部的一个最大挑战，就是用很励志的心灵鸡汤告诉“95 后”怎么通过奋斗来改变自己，不是特别管用。

“95 后”从小就被家里那么多人宠着，现在突然来了个人管他，一下子适应不了。

几年前在阿里巴巴时，我们要晋升一些“95 后”的工程师当主管、经理，但对方说自己并不想升职。当年领导找我谈话，说：“小卫啊，工作干得不错，明年考虑让你当经理。”把我给激动坏了。现在要是跟“95 后”这么说的话，他们能当面把你怼回去，“我不想当，你求我啊”，或者说得更自我，“我是不想被别人管，也不想管别人，写写代码挺开心的”。你突然发现，以前总想把企业做成对员工职业发展有用的地方，来了后有培训、升职，能加工资，甚至还能给员工股权、期权。今天这个不是对所有人都适用，对越来越多的“95 后”来说，这套激励机制没有多大用处。所以跟大家分享应对“95 后”一个很重要的观点是，只把企业变得“好用”是不够的，怎么办？要让企业变得更“好玩”。他们是玩游戏长大的一代人，人生对他们来说是一个更大的、有更多升级打怪关卡的游戏，企业不再是他们的一个工作场所，而是一个社区，要好玩才行。

前几天我带领导和同事去美国看 Meta、Twitter（推特）这些公司。看完以后，领导问我：“你也带我们来 Meta 有一个小时了，能不能带我们去看看办公区域？”我说：“刚刚看的都是办公区域。”他说：“怎么像游乐场一样，一点不像办公区呢？”在硅谷，不管是创业公司也好，还是大公司也好，华人员工见面的第一句话不是问入职期权是多少，而是问公司的午饭怎么样，中餐水平怎么样。一顿饭很重要啊，但在以前，这顿饭并不重要。所以对一个“95 后”来说，可能多几百元的工资不是他加不加入你的公司、留不留在你的公司的原因。而他加入或者留下所关注的，很可能是你的公司好玩不好玩，那顿午饭是不是很用心地能打动他。如果公司不仅包那顿午饭还包住，甚至给他提供一个更像年轻人社区的民居，一个很温馨、很好玩的地方，那会怎么样？这个理念变化对“95 后”会变得越来越重要。

我特别反对无人便利店。似乎把零售中的人消减掉，公司就能降低成本，但我认为并不是这样，互联网、人工智能甚至机器人都不是来取代人的，而是来赋能人的。它们只能给我们人力资源管理者发出更多挑战，让我们变得更强大。我们应该让每个人的工作变得更高效、更轻松，让每个人在 8 小时甚至更少的时间里创造出更多的财富，对社会贡献更大的意义。所以，管理者不应该把便利店内的店员当作成本减掉，而是应该给他们赋能，让他们更友善、更准确地去服务更多的客户。把店员当作成本的人，不是好的 CEO、不是好的人力资源管理者。

我在百安居工作的时候，赞助过一个 F1 方程式赛车车队，有机会去看过英国的银石赛道。虽然被称为赛道，但它其实不是赛道，而是试车场，全世界各个车队最厉害的赛车都在这里试跑。在那里我见到了一个工程师，他问我：“我们人类的发动机技术可以造出时速 500 公里的车，但是为什么不造？”我说：“是不是因为人的反应速度不够？”他说：“不是，是操控的问题，因为刹不住。飞行员可以操控二点几倍音速的飞机，我们想让超音速飞机慢下来，就踩刹车，刹不住就赶紧抛出降落伞。时速 500 公里的车跟战斗机一样，怎么能上路呢？踩一下刹车抛一个降落伞，得备多少降落伞啊，没有降落伞的车根本就刹不住。”

由此我想明白了一个道理，一辆车能跑多快，不完全由发动机决定，也由刹车性能来决定。同样，一家公司能跑多快，也由公司的“发动机”和“刹车性能”共同决定。在阿里巴巴，我不是马云的“刹车”。马云的“刹车”，第一个是蔡崇信——马云的第一任 CFO，现在是阿里巴巴董事局执行副主席；第二个是马云的太太张瑛。虽然我拦不住马云要做的事，但我知道谁能拦住。只要这件事我不想做，只要我能说服蔡崇信或张瑛，马云就做不成这事。

下部

提升企业效率的实操方法

第一章　提升企业效率为何如此重要

中国经济基本上已经告别了各行各业都高速发展的时期，进入新常态。什么是新常态呢？就是不同以往，相对稳定。历史上，在整个经济发展特别好的时候，也出现过牺牲效率，实现跑马圈地式增长的优秀企业。但新常态背景下，在各行各业都告别了高速发展的时候，有效率、高质量的增长才是对你自己负责、对你的团队负责、对你的投资人负责。所以效率为王，企业应注重提升效率。

今天，中国的创业基本上要面对存量经济。存量经济也不可怕，很多国家早就进入了存量经济时代。存量经济中的核心，是蛋糕不再做大，那么有没有优秀的创业企业还能够脱颖而出？这就要看切蛋糕的水平了，因为蛋糕虽然不再继续做大，但还是足够大，今天的蛋糕与十几年前相比，不知道大了多少倍。可问题是，你的产品能有多大的市场呢？

效率是什么？效率就是你切蛋糕的那把刀，这把刀“锋利”与否？我见过太多的融资商业计划书，过去七年多的时间里，我至少看了一两千份，这些商业计划书里涉及企业效率的不到 1%，很少。大家都在说自己的企业有多大，如果拿到钱以后，企业的发展会有多快，会做到多大。我很少看到创始人说自己的企业会做到多强。强是什么呢？强其实就体现在我要讲的效率中。

在今天这个存量经济时代，资本过剩的游戏应该基本结束了。以前，资本疯狂地支持一个行业，不惜代价地烧钱也要做大平台上的用户，等到平台有一定的量级后，再赚钱不迟。现在这个好的景象结束了，追逐互联网流量其实在 2016 年就已经开始变得不那么容易了。不光是 PC，移动互联网流量基本也进入存量经济时代。我们看到，2017 年中国互联网用户数基本不增长，到 2018 年还好，用户在互联网上的时长还在增长，这也算是有增长。流量是什么呢？流量其实就等于用户乘以时长。如果用户在互联网的时长也不增长时，那么增长其实就停止了，这是 2019 年我们看到的情景。我们平时所说的互联网创业的红利，指的就是中国互联网流量在增长的红利，现在增量没有了，进入了存量经济时代。

在这样的情况下，什么被提上议事日程呢？就是你的企业“内功”，也就是我说的企业做强的问题，说到底还是效率问题。

阿里巴巴这家公司被各种媒体报道了很多，大家只注意到阿里巴巴发展得那么快、做得那么大，但极少有人知道，阿里巴巴是一家把效率提高到极致的公司，这一点被媒体和很多人忽视了。那么效率是谁定的呢？其实就是每个企业的创始人，也就是你们自己要定。很多人可能会认为，马云整天都在外面讲演、出席各种活动，公司内部事务由另外一帮人在具体执行，他只定个大的电子商务方向就行了。其实事情远不是那样简单，也没有那么容易。

我们看到，在阿里巴巴，基本上每一个业务诞生一年左右后，马云会亲自给这个业务定一个效率指标。比如，在 B2B 业务这块，马云就定了一个人百万元收入的指标，这不光是指销售人员，而是指全体员工。这个指标看起来比较难实现，因为把非销售人员都包括进去了，但是，马云说这将是阿里巴巴旗下效率最低的一家公司，阿里巴巴 B2B 业务的净利润率是 25%，那就意味着人均为公司一年带来 25 万元到 30 万元的净利润。

所以，阿里巴巴没有人数限制，因为不用限制，B2B 业务每增加一个人，就能增加 100 万元营收。我们那时候有 8000 多人，能做到 100 亿元左右的营收，这样的业绩落实到每一个人身上，确实也快做到极致了。这就是马云说的效率。这个指标成了业务的指南，这样的效率就是一个企业的DNA，所以是DNA决定了你长成什么动物，也就是说，一个企业的效率决定了这个企业会发展成什么样的企业。

一个企业的效率很重要，在今天经济下行的前提下，如果作为企业负责人没有跟进的话，他很快会感到疼痛。资本过剩的游戏结束了，增量经济也没了，互联网的增量也没了，三个增量都没了，在进入存量经济时代的时候，能够早一点意识到效率为王，那企业活下来的概率会高很多。这就是为什么我今天还要讲企业效率提升的原因。

关于效率，我有一句话，叫“没有效率的增长，不是慢性自杀，是加速自杀”。什么是效率指标呢？这得感谢我们老祖宗留下的字。效率效率，日常用语中带“效”字和带“率”字的高频词汇就是效率。

之前我讲了阿里巴巴的“人效”。为什么阿里巴巴把人效看得很重呢？因为互联网最贵的是人。有一次在西安，马云说，2018财年，阿里巴巴在人力资本上大概花了1070亿元，我也吓了一跳！这么大的一个数字，可见人效多么重要。

你们企业最大的成本是什么？如果最大的成本是人，那么人效就是企业的第一效率指标；如果企业占用资金最多的是货，那么库存周转速度就是企业的第一效率指标；

如果企业房租成本最高，这里指的是零售类房租，那么每平方米的产出（即“平效”）就是企业的第一效率指标；如果企业广告营销成本最高，那么营销投入产出率就是企业的第一效率指标。

总之，把花钱最多的那件事作为第一效率指标是不会错的。创业者要关心的，通常也是一个正常的投资人应该关心的。一个正常的创业者和一个正常的投资人，关心的只有两件事：第一，有没有创造可衡量的价值；第二，是不是用可持续的效率在创造这样的价值。

说白了，第一个叫“客户第一”。你有没有给客户带来不一样的价值？什么是不一样的价值呢？我想了半天，无论各位现在是做服务企业的，还是直接服务个人的，都讲究“多快好省”四个字。比如，我的企业比“同程旅游”（同程网络科技股份有限公司）做得好，那比人家好多少？比“同程旅游”提供的服务多，那比人家多多少？比“同程旅游”提供的价格低，能节省成本，那比人家省多少？比“同程旅游”的服务速度快，那比人家快多少？你要把这些讲清楚，这些都叫定量。定量是指可以衡量，不可衡量的价值是没有意义的。经济学上说，先有价值才有价格。当价值不可衡量时，怎么定价格呢？

阿里巴巴在 2003 年创建了淘宝。淘宝诞生的第一天，就面临着与 eBay（易贝）的竞争。要竞争，那就要有较多的产品放在网站上面，怎么才能多呢？马云就定了一个指标，说淘宝网发布的产品数必须比 eBay 多十倍。为什么要多十倍？因为如果只多一倍的话，消费者根本感受不到，而且如果想长期压制住 eBay，就必须多十倍。当今互联网上产品种类多、数量多，已经不是什么稀奇事了。但是在近 20 年前，互联网上的产品很少，而且产品是要收费的，所以就引发出了淘宝的产品免费。此举不是大家想象的“淘宝为了免费而免费”那么简单，而是因为要请商家把东西都挂到淘宝来，如果向商家收费，商家就得算账了，看自己挂一个商品能不能赚回来。所以淘宝干脆免费，这样大家就会无限量地在淘宝上挂商品了。

淘宝最终收 2% 就差不多了，因为我们的零售和淘宝“打架”，传统零售渠道要收将近 20% 甚至更多，所以淘宝是给商家近 10 倍的“省”——“多快好省”里的最后一个字。当然，也不是说淘宝做什么都厉害。京东作为这个行业中的后发企业，要确保“好”和“快”。“好”很难衡量，但京东是率先提出三日到、次日到、当日至次日到的，那么至少在“快”字上，京东是在定量。

我一直说，一个好的创业者、一个好的投资者应该永远关注“客户第一”。“客户第一”是个口号，想把这个口号落实在行动上，就要看能给客户提供哪些方面的“多快好省”。这四个字中，有没有哪一个字是可量化的？如果可量化，就一定要做到。所以你给自己的企业定发展计划，不管是三年战略也好，还是更长时间的战略也好，都要想想下面这两句话：

第一，有没有提供可衡量的用户价值？

第二，创造这样的用户价值，能不能吃得消，如何用可持续的效率？

前面讲了什么是效率和效率指标，那么由谁来制定效率指标呢？企业的效率指标应该是创始人琢磨出来的。马云在一家企业诞生以后，就会给这个企业定一个DNA效率指标。当然，这个指标不是企业诞生第一天就有，而是在运行一段时间以后才会有。比如，阿里巴巴的B2B业务，搞了三年多才把效率指标弄出来；淘宝诞生一年以后就有效率指标了；支付宝诞生一个月后就有效率指标了。阿里巴巴坚持这样的效率指标，当然今天全部都实现了。效率指标不仅仅是为了给企业赚钱——当然这是很重的任务，也决定着你的企业能不能活下来。有了这样的效率指标，在为社会创造价值的同时，为用户创造的价值才能变得可持续。

第二章 提升企业效率的五个神奇密码

下面讲如何提高企业效率指标。

我列了五个效率方向:个人效率、组织效率、资产效率、战略效率、创新效率。这五个效率方向的次序很重要。个人效率、组织效率、资产效率这三个效率指标，对任何企业都适用，尤其是中小企业；战略效率和创新效率这两个指标，如果你的企业没有达到5亿元甚至10亿元的收入规模，可以不用听，因为企业没发展到这个程度的话，战略跟你无关，创新也跟你无关。

个人效率提升

任何组织都是由个人组成的,那如何提高个人效率呢?

首先创业者要知道现在是哪些人在你的企业工作。我加入阿里巴巴的时候,企业里大部分年轻人是“80后”“85后”，而现在企业的新人基本是“90后”“95后”。1990年出生的人已经30多岁了，有很多人在企业已经当上了主管、经理；1995年前后出生的人也已经踏上工作岗位好几年了。“80后”、“85后”与“90后”、“95后”不是简单的一代人的区别，“90后”“95后”有两个重要的标签：第一个标签是“小康1.0”，第二个标签是“独生子女2.0”，他们也都是互联网原住民。

先讲一讲第一个标签，“90后”“95后”为什么是“小康1.0”。

“85后”小时候的日子其实并不十分好过，因为当时改革开放的成果还没有显现出来。1992年邓小平南方谈话后，中国改革开放进入了新阶段。“95后”没有饿过肚子，所以他们没有吃苦意识，同时又对未来充满了憧憬和信心。例如，快递小哥努力工作，一个月挣6000—8000元不成问题，所以他们对工作安全感的需求不会特别强烈。中国每年有七八百万个高校毕业生，目前国内的就业形势很难满足七八百万个白领的就业需求。以普华永道会计师事务所为例，招聘的管培生起薪是8000元左右，快递小哥的月收入同四大会计师事务所入职新生的薪资差不多，那这些白领会不会郁闷呢？其实也还好，因为大部分白领来自城市家庭，有些对一个月几千元的收入不那么计较。鉴于未来继承财富的可能性，工作压力也不会像“85后”那么大。所以“90后”“95后”是“小康1.0”的特点体现在，他们对工作安全感的需要并不是特别紧迫。

关于第二个标签，“90后”“95后”为什么是“独生子女2.0”。

中国的独生子女政策始于20世纪七八十年代，“80后”“85后”已经是独生子女了，他们只是没有了兄弟姐妹，但还有叔伯舅姨；“95后”甚至更小的孩子，对“叔伯舅姨”的概念已经很淡薄了。做互联网、IT行业的人都知道，2.0是1.0的升级版，所以“90后”“95后”独生子女的特点又放大了一倍。作为家里的独苗，他们的心理安全感更弱。结合“小康1.0”的特点，人力资源管理工作面对的一个挑战是，很难再用励志的心灵鸡汤打动他们、鼓励他们通过奋斗改变自己。所以“90后”“95后”没有必要像“80后”“85后”那样，干一行爱一行。但我并不认为“90后”“95后”不能吃苦，他们是爱一行就会干好一行。在杭州阿里巴巴的西溪园区、滨江园区，每天挑灯夜战到11点左右的员工，也是“90后”“95后”。

作为创业者，首先要学会找对人，招聘来的人要真的喜欢干这一行。“90后”“95后”有一个重要特点，他们看中的是一件事情好不好玩。他们是玩游戏长大的，人生对他们来说是一个更大、有更多升级关卡的游戏。离职时很多老板会问：“为什么离职，是待遇原因吗？还是有别的原因？”“90 后”“95 后”会回答：“因为老板不好玩，我要换一个好玩的老板。”以前我们只想着如何把企业打造成对员工有用的地方，给员工提供培训、晋升职级的机会，给员工加工资甚至发股权。但这些方法对于现在的部分员工不再适用了。企业对于他们来说不再是一个工作场所，而是一个社区。所以只把企业变得好用是不够的，还要让企业变得好玩。

我 20 多岁的时候，我的老板会说：“表现不错，好好干，年底有机会提拔你当经理。”我激动得两天没睡好，开始用经理的标准要求自己。今天，老板跟程序员说：“小王，你表现得不错，好好干，争取年底让你当主管。”小王会说：“我不想被别人管，我也不想管别人，我做个快乐的码农就好。”突然发现，原来的激励方法没有用了。

所以作为创业者，要让企业有一种让每个人实现自我激励的可能性，这很重要。针对这一目标，阿里巴巴很早就推出了两个很有意思的制度。

第一个是“我的级别我做主”。

年初，公司就会问员工今年想不想晋升，想晋升的人请报名。员工可以提出具体要求，公司提供机会和资源，按照员工期望的岗位职责来要求员工。比如，“我想跳两级，想从 m 晋升到 m2”，可以；“我不想晋升，就想当个快乐的工程师”，可以；“我想当某个级别的产品经理”，可以；“我就想走专业的路子，不想转到管理岗位”，可以，这些在阿里巴巴都可以实现。

马云很早就提出，成长是员工个人的事情，企业只是在帮助员工成长。企业老板不要觉得“促使每个员工成长”是你的责任，你没有这个责任，员工的人生是他自己的，老板的责任是当员工有这个愿望的时候，能够帮助他。所以阿里巴巴提出“我的级别我做主”，而不是“我的级别你做主”。

第二个是阿里巴巴的“赛马会”。

“赛马会”目前最成功的项目是“双十一购物狂欢节”。大家不要以为阿里巴巴所有英明的战略决策都是由以马云为首的领导在会议室里研讨出来的，其实大量的战略决策都是自下而上的创新。有好的苗头，发展得也比较好的，最后就可能上升为公司战略。2009 年 11 月 11 日的前两个星期，四个没有女朋友的男孩子策划出了“双十一购物狂欢节”活动，几乎没有动用公司的任何资源。按照马云的说法，企业的管理者要像老鹰一样看看地面上的动静，他在看企业的那些微创新。一旦发现了微创新，在没有获得大量资源的时候，企业会赋予其更多的资源，这个就叫“赛马会”。营销的成本和资源，也是利用“赛马会”赛出来的。例如，用户只看到了抖音，但其实有五六个像抖音一样的产品同时在头条内部孵化，所以，抖音是赛马“赛”出来的。

这就是一种自我激励。这个过程让每个人像打了鸡血、喝了鸡汤一样，你说效率能不高吗？所以我想把个人效率提升中最重要的一点讲出来，那就是让员工自我驱动，能在企业中实现自我激励。

同时，今天的“95后”又特别不希望被约束，所以我们提倡要设计一套让他们能够进行自我约束的方法。跟社会一样，企业约束员工也需要法治和道德，用道德治理就是自我约束。价值观的厉害之处就在于能让人进行自我约束。但是自我约束经常不被领导重视，觉得员工的自我约束是不到位的。我坚定不移地相信，年轻一代的道德标准起点，可能比我们这一代的要高。

举例来说，有一年，阿里巴巴滨江园区大概有600多名女员工怀孕，在电脑前工作需要穿防辐射的孕妇服。阿里巴巴决定给这些员工配发孕妇服，不仅买最好的牌子，而且给一人发两件，以备换洗。每件孕妇服大概400元，一年下来，公司合计为此要支出48万元。这笔钱说大不大，说小不小。行政部门认为，既然是公司的资金，那就要为此负责，要有相应的流程手续，所以制定了孕妇服领用办法：怀孕员工先申请，经主管批准后，上交医院开具的怀孕证明，然后到行政部门领取。当时我们觉得这项管理办法已经是极简化的了，但是到年底，复核有没有制定愚蠢规定的时候，这一项就被挑了出来。因为，一是防辐射的孕妇服不太好看，漂漂亮亮的女孩子一般不会为了防辐射而在外面套件孕妇服；二是很多病能装出来，但怀孕是装不了、装不下去的，那么当时为什么不信任员工，要制定领用办法呢？行政部门提出了意见：制定管理办法是为了防止出现冒领的情况，如果员工本人没有怀孕，她为自己的亲戚朋友领取了怎么办？

后来，我们做了一个简单的宣讲，讲清楚防辐射孕妇服是给在阿里巴巴上班的孕妇准备的，是为保护员工和下一代子女的身体健康。孕妇服上印有阿里巴巴的 logo（标志），怀孕员工不需要写申请报告，也不需提供医院开具的证明即可领用。如果没有怀孕的员工真的很喜欢公司配发的防辐射服，想当作礼物送给亲戚朋友，那么可以购买。如果员工觉得阿里巴巴发的工资不足以支持其购买一件 400 元的礼物的话，也可以免费领取。把原来的领用管理办法取消，把事情讲清楚，一年下来却发现基本上没有人占便宜，这就是自我约束的作用。

大家说这是小钱，才四十几万元嘛！那咱们来谈谈大钱。

阿里巴巴的午饭是公司补贴的，晚饭只有加班的员工才可以免费吃。还是以滨江园区为例，在程序上，员工要先向主管申请加班，经批准后发放餐券，晚上 6 点开餐。当时，每天申请吃加班餐的人数三四千人，公司一天为此支出约 6 万元，一年有 200 多个工作日，差不多要花费 1200 万元。这项制度沿用了很多年，考虑的是如果不做控制全部放开，那园区里还有三四千人要吃加班餐，费用可能翻倍。

但是后来发现，这真是一项愚蠢的制度。第一，在阿里巴巴上班不用打卡，所以无法定义什么是加班。有些员工吃完饭加班到晚上 6 点半、7 点，多待半个小时就下班了。公司没有制度限制这种做法，也不能强迫员工必须多工作两个小时才能算作加班。第二，当时没有考虑到每天有三四千人加班，相关的申请、批准、领券流程占用了大量的人力和时间，没有意识到制度背后付出的成本。所以后来公司决定取消加班餐券制度，加班餐面向员工全面放开。但我们跟所有同事讲清楚，加班餐是给加班员工准备的，如果你今天很疲惫，没有朋友相约吃饭，也不想回家做饭，就想在公司吃完以后再回家，那也没有问题，因为公司是大家的。吃穷了公司，只能倒闭、散伙。但你也要想，若老是这样做，周围的同事怎么看你？你在吃同事的福利。把这个道理跟所有人多讲了几遍后，我们原以为取消加班餐券制度后可能每年会多支出1200万元的餐费，但一年后发现，只比原来多花了大约100万元。

我们认为这100万元花得特别值得。第一，员工感受到了更多的信任。第二，员工学会了自我约束。第三，提升了效率，因加班餐券制度耗费的成本又何止100万元。其实很多企业的效率就是被这样的官僚主义消耗的，大家不要觉得官僚主义是个遥远的词汇，民营企业同样存在此类问题。

提升个人效率需要员工的个人驱动和自我约束，那公司如何激发员工实现个人驱动和自我约束呢？

自我驱动力的核心是把作战单位化小、任务化小。通俗地讲，在大船上，人人都觉得别人划桨自己坐船就行，很难激发个体活力、个人效率。所以不能把所有人都放在一艘大船上，而是要把一条条舢板放到水里，这样每个人都得划桨，否则就会翻船。

同理，在有成百上千人的大企业里，一个人的工作成就感会很小。但如果在只有十几个人的组织里，每个人的贡献都会被看到，那会很不一样。我特别崇拜关明生，他在通用电气工作了将近20年。他曾经说过，历史上虽然很多蒙古人不识字，但他们打仗特别厉害，横扫亚欧大陆。相较而言，看兵书《孙子兵法》《武穆遗书》的将军，即使是宋代岳飞这样的名将，也依然总是吃败仗。蒙古军队厉害的原因之一是“千户制”，一个人带领管理百人、千人，同现在一样，世界上没有哪个国家的军队不设班长。

所以把作战单位变小，才会有活力。最小的作战单位如果有活力能驱动，一个企业就有活力能驱动。我最近看到很多店，都自主改为内部员工加盟店，员工自己当老板。广州地区有一个非常好的社区生鲜“钱大妈”，我在店里走动的时候，发现店长的眼睛是不停的，地上只要有一片菜叶子，就马上捡起来塞进兜里。靠管理、靠厚厚的运营手册、靠上级巡店来管理驱动，这一点是做不到的，但这个店是自己为自己干，每个人为自己的梦想干，才可能成功。

理想跟梦想的区别是什么？一个人的是梦想，一群人的才是理想。别跟个人谈理想，每个人只有自己的梦想，所以一个团队最重要的是每个人去实现自己的梦想。尤其对“90后”“95后”，用什么样的机制保证每个人实现自己的梦想，这很重要。当然，这个梦想也可以是财富，但不一定是财富。

大企业怎样保证组织有活力？不是靠老板在台上喊口

号，而是靠把作战单位变小。

老板希望员工为企业做大的贡献，但员工个人很难取得大的成就感，而且不知道从何做起、能做些什么。当企业的理想很远大，例如，目标是要成为“世界500强”时，员工会觉得个人做的点滴工作很难实现这个远大的目标。把目标缩小以后，员工会更容易产生自我驱动力，能看到个人付出与取得的成就是对应的。马云在2002年的时候提出了“为公司挣一块钱”的目标，这句话听起来很有艺术感，让员工为公司挣一百万元，显然员工不知道自己能做些什么，但为公司挣一块钱，每个员工都会有办法。随手关灯、多做一单、多接触一个客户，都可能实现多挣一块钱的目标。所以把作战单位化小、把任务化小，员工的自驱动力就会比较好激发，也比较容易实现个人追求的成就感。

员工的自我约束则要靠信任来实现。因为信任，所以简单；因为简单，所以高效。如何做到信任？其实很简单，建立相同或相似的价值观，把道德底线讲清楚。例如，你在企业提出很多问题的时候，一致的价值观会使同事觉得你是在针对事而不是针对人，从而处理事务就会变得简单，进而高效。领导在统一价值观方面做得越多，就会越容易得到信任。互相信任，做事变得简单。阿里巴巴的高效，在很大程度上受益于一致的价值观。

至于如何从粗放管理转变为精细管理，我建议大家学会分类。在阿里巴巴时，员工给我起了个外号，叫“分类狂人”，因为遇到问题时，我会要求先分类。工作中总会遇到找不到问题解决方案，或者有两个方案且这两个方案都正确的情况，造成这种局面的原因是没有把问题分类、分开。

对员工、客户和市场都必须进行分类，分类以后解决方案才能够有效。要对员工分类，阿里巴巴员工分类原则是向通用电气学习的，也就是 2∶7∶1，最优秀员工占比 20%，中间员工占比 70%，末端员工占比 10%。阿里巴巴对客户的分类是 7∶2∶1，做到让 70% 的客户续费，把 20% 的客户从断约中再拉回来。它在本质上都是进行分类。

组织效率提升

讲了个人效率的提升，接着讲组织效率的提升，我要讲的是“四个在线”：员工在线、产品在线、客户在线、管理在线。

在今天这样一个技术变革时代，技术对组织效率提升肯定是大有帮助的。办公系统、大数据、人工智能等，这些跟你没什么关系。但对于组织效率来说，目前最重要的不是未来的新技术，而是现今口袋里的技术。

口袋里的技术是什么？智能手机。首先感谢这个时代，移动互联网技术的发展普及让“四个在线”成为可能、变得可行。虽然十年前互联网已经很发达了，但依旧无法实现“四个在线”，因为PC互联网的特点是“人机分离”，即人和电脑不是总能在一起的。即使有人带着电脑，也不过是在咖啡店喝咖啡时才打开，不会整天抱着电脑到处跑。智能手机不同，它实现了“人机合一”。每一个组织，上至CEO，下到行政、客服和销售人员，每人口袋里都有一部智能手机。那么作为企业的领导、管理者，是否利用好了“智能手机”这个口袋里的技术呢？

在“人机合一”的时代，任何组织、企业都有机会谈“四个在线”，但问题是在实践过程中很多企业把“四个在线”的顺序摆错了。特别是传统企业，首先做的是产品在线，也就是把产品和服务挂到网上，放到小程序、APP（手机软件）上去，以为这样就是拥抱互联网了。但挂完产品后，通常面临的情况是没有用户使用。大多数企业觉得实现客户在线也不难，认为只要把客户服务系统搬到网上即可，可现实情况是，服务系统也没有发挥太大作用。这些都是因为把“四个在线”摆错了顺序。

在提升组织效率时，第一步要做的是“员工在线”。只要有手机，就能实现“员工在线”。等员工上线后，再把产品和客户搬上线。在互联网时代，黏住客户的不是组织，而是一个个人，人拉人才具有黏性。有了员工、产品和客户在线，企业作为一个组织，再对它们实现管理在线。

关于“员工在线”，很多人问我，企业分不同业务部门建立的员工微信群是否算作“员工在线”？算，有总比没有好。但需要注意的是，这样的微信群毕竟是大家自发建立的，还是有条理性、有组织性的。很多企业都会有一个很大的群，很多人挤在里面。有的人学会了分类，建立了不同的微信群，但这还远远不够。相比较而言，“钉钉”比微信群要好，但这还不够，因为“钉钉”不是为某一家企业“量体裁衣”定制的。所以有一定规模的企业，当员工达到了几百人、几千人时，就“员工在线”方面，不要急于给客户做 APP，而是有必要给自己的所有员工做个专门的 APP。

以“孩子王”为例。“孩子王”是一家在南京起家的公司，由五星电器的创始人汪建国创建，主要经营儿童用品。我用“孩子王”门店的一个场景来解读和展现什么是“四个在线”。关于客户，“孩子王”实现了 100% 电子化会员，所有客户都被交到员工手里，如果哪个员工先把某位客户发展成自己的电子会员，那这位客户就是这个员工的终身客户。我们走进一家“孩子王”门店，发现了一位母婴顾问，这位母婴顾问有963位客户是自己发展的，这些客户挂在网络上，可以随时随地跟他进行交流。母婴顾问每发展一个客户，就能获得相应的收益。客户的任何消费，无论是线上线下、店内店外，只要跟“孩子王”有关，就一定跟这位母婴顾问的收益挂钩。

这位母婴顾问有一个虚拟店铺，可以简单地理解为微店或微仓库，里面有近7000个单品，不受空间范围限制，客户可以随意挑选。这些虚拟店铺中的产品比线下的还要丰富，线下倒是想丰富来着，可放不下呀！

说了“产品在线”，再说“管理在线”，就是建知识库。微信群里有位母亲问了一个关于婴儿辅食的问题，按照以前的方法，员工需要记忆产品知识进行回答，现在不用背诵了。公司提前准备好，知识库会自动把问题答案调取出来，母婴顾问以自己的名义发送分享即可。虽然这位母婴顾问更了解的是洗护类产品，但他也能准确快速地回答关于婴儿辅食的问题。这个知识库是“孩子王”知识库，有常见的100个问题。技术升级后就更厉害了，现在已经不再是百问百答了，而是靠人工智能回答。机器人可以主动呼出，也就是说，机器人可以给人打电话。与此同时，店长会出现在每一个对话交流群中，起到对员工监督管理的作用。

我们总是强调要赋能一线员工，组织效率的提升就是让每一个员工都有组织赋予他的能力。用今天流行的说法就是“中台化”，即中台越强，前台效率越高。具体行动不能落空，衡量考察的点就是一线员工的效率是不是同行的三四倍。

前面提到的这位母婴顾问一个月能挣两万多元。他原来是开母婴产品实体店的，后来不开了，因为在“孩子王”赚的钱比开小店要多。从个人驱动的角度讲，他并不觉得自己是在给“孩子王”上班，因为不断增长的线上客户都是他的资产。我们参观那天，他要相对准时下班，因为他计划去给一位客户送奶粉。送奶粉的行为是他主动要求的，这既为公司节省了物流成本，又为公司开发增加其他生意增添了可能性。

总结一下，作为企业老板，要赋能员工，即以“员工在线”为核心，提供给员工在线的产品，进而产品库给了员工在线的客户，客户库又给了员工管理在线的知识库，这一系列动作就是组织效率的提升。

组织效率的提升靠什么？第一，文化。表面上看价值观好像是一个比较虚的概念，但它恰恰是提高效能的最大保证。在组织内部建立起信任，信任将使组织变得简单。第二，拥抱技术。移动互联网为实现“四个在线”搭建起了“术”的平台。

资产效率提升

说完了个人效率的提升，说完了组织效率的提升，接着说资产效率的提升。

什么是资产效率？打个比方，一辆单车报废的时候，还没有把本钱收回来，这就是资产收益率出了问题。这时，你看到很多单车有人骑，还看到更多的单车没人骑，这就叫资产利用率。

资产效率如何提升呢？第一，防止产生新的闲置资源；第二，释放闲置资源。坏的模式是一个企业不断产生新的闲置资产。当今很多企业的大数据提出要改善供应链，就是防止产生新的闲置资产。所以我们认为，资产效率很高的企业是不去产生闲置资产的。今天已经进入存量经济时代了，就会出现很多存量资产，所以释放闲置资源、释放闲置资产一定是好的。

企业效率有很多方面都和资产有关，例如，库存周转率就跟库存资产有关。做传统零售行业很辛苦，供应商和消费者都不满意，供应商说被零售商压榨，消费者说没有得到太多的实惠和便宜。但事实是，零售企业在世界范围内的平均利润率是 3%—5%，很低。一不小心库存就出了问题，要清仓处理，一年到头，前 11 个月赚的钱可能在最后一个月就全赔进去了。

那么，钱都去哪儿了呢？

在零售行业及很多传统行业，有一个重要的黄金法则叫“二八定律”。什么是“二八定律”？即 20% 的商品带来 80% 的销售额和利润，或者说 20% 的客户带来 80% 的销售额和利润。做零售行业不赚钱的问题就出在“二八定律”上, 20% 的产品能带来 80% 的利润, 这是赚钱的部分；糟糕的是 80% 的产品带来 20% 的利润，这部分是不赚钱的。举例来说，以前百安居的卖场里有很多产品在一年里只能卖出一两件，放在那里占用了商业面积，降低了库存周转速度、资金周转效率。比如鞋店，需要备货 46 码甚至更大码数的鞋，给像姚明这种身高的人穿。但他们并不知道像姚明这样身高的人今年是否能走进自己的店。为了满足客户的需要，每个店都放了一双超大码的鞋，这就是“二八定律”里面的“八”。互联网给它起了一个名字叫“长尾产品”，“二”赚来的利润被“八”吃掉了，这就是最让传统零售业和很多实体经济痛苦的地方。即使清理掉了无效资产和过度库存也实属浪费，因为这些产品就不应该被生产出来。

“互联网 1.0”是如何解决这个问题的呢？

像淘宝、天猫、京东这样的电商平台，因为互联网，商品的商圈理论被无限放大了，只要物流能触及的地方都属于它们的商圈。一个卖鞋的门店，它的商圈可能是三五平方千米，备一双大码鞋子可能一年都卖不掉。但在“互联网 1.0 时代”，像京东，理论上它只需要一个中央仓库，备 10 双大码鞋子，全世界的“姚明”都可以购买，就不再需要在每个门店备货了。“互联网 1.0”让库存效率得到了极大的提高，传统零售业的周转速度能达到一年五六次就属于非常不错了，但天猫自营的超市周转速度可以达到一年 50 次，电商就是这样来提高资产效率的。

进入“互联网 2.0”时代，商业模式演变成了 C2B（消费者到企业），即消费者按需定制，实现零库存，零库存意味着没有制造新的将被闲置的资源。反过来说，如何防止产生新的闲置资源呢？就是要按需求去组织生产，而不是先组织生产，再去寻找消费者。

今天已经进入了存量经济的时代，存量经济意味着出现了存量资产，所以我们需要释放闲置资源，释放闲置资源依托的技术可能性就是移动互联网。比较典型的商业模式是 Airbnb（爱彼迎，一家联系旅游人士和家有空房出租的房主的服务型网站）、Uber（优步打车应用，一家美国硅谷的科技公司）和滴滴出行。这种商业模式背后的逻辑是“闲着也是闲着”，Airbnb 的理念是房主把空着的房子分享出来，Uber 的理念则是车主是把闲置的车子分享出来。把闲置的房屋资源释放出来，使得旅游人士花费 100 美元就能入住一套很优质的别墅。司机与其在马路上空跑，车闲人也闲，不如把资源充分释放，这样普通人也能享受到 VIP（贵宾）级待遇，花较少的钱打到豪车。

在网约车之前有过电约车。客户打电话到调度台，调度人看哪位司机在客户附近就调哪辆车过去，但这种方式难免出现约不到车、对不上人的情况。网约车依托移动互联网技术实现了“五位一体”，即人、手机、时间、地点、支付的一体。司机的定位地点告诉客户谁的闲置资源离自己最近，通过技术释放出闲置车辆后，又因为支付建立起了交易信任。

说到这里，我来谈谈分享经济和共享经济的问题。

在中国，人们把这两个概念混在一起了。Airbnb 和 Uber 在国外都属于分享经济，不是共享经济；到了中国后，分享逐步变成了共享，但共享经济是需要投入新资产和新资源的。在美国，Uber 的司机在用 Uber 之前就有这辆车，但在中国，很多司机在不用滴滴出行之前是没有这辆车的，他们是为了用滴滴出行而去买的车。买车就意味着新增成本，其背后就产生了固定的投入。国外的 Airbnb 之所以能创造惊喜，是因为房主没有额外成本，房子闲着也是闲着，赚 100 美元也是赚。即使平台抽成 20%，房主还会有 80% 的收益。反之，成本高居不下，平台的抽成、提成也就高不起来。

在中国，打造白领公寓项目时中间人会先把房子租下来，然后再转租出去，其实这不是分享经济，因为其先期有了资金投入，产生了固定成本。公寓和酒店最重要的盈利模式是入住率，一般入住率达 80%—90% 才能赚钱，这也是考核白领公寓是否盈利的重要指标，因为没入住的房间就会成为闲置资产。但分享经济不用考虑“率”的问题，对于 Airbnb 的房主来说，房子闲着就闲着，没有损失。共享单车也属于共享经济，因为单车是平台统一投放的。

当然，没有一个模式是有百利而无一弊的。分享经济的挑战是统一服务标准，因为每个人分享的是闲置的零星资源，标的物是不一样的。例如，有的车干净一点，有的车脏一点，感受就很不一样。共享经济的服务标准则很容易统一。共享经济的挑战则在于资产效率。以共享单车为例，其模式能否成功的关键并不在于有多少辆车，而在于每天每辆单车的使用率是多少。单车的使用率低，资产效率就低。这是很多做共享经济的企业为什么难以生存的原因。只要看到资产就要关注它的使用率，除非其属性是闲置。如果资产使用率没有提高，就意味着没有创造价值。有很多企业看到闲置资产时并没有惊心动魄、心疼的感觉，但实际上闲置资产造成的效率损失是很大的。

分享经济就是释放闲置资源。但因为是闲置的零星资源，所以统一标准统一服务这件事情就变成了挑战。这是跟大家讲的资产效率提升的问题。

战略效率提升

战略不是一个初创企业的必需品。2005 年，我参加阿里巴巴的第一次战略会，马云在会议一开场就说，阿里巴巴终于活下来了，为什么呢？因为阿里巴巴可以“奢侈”到开战略会了。从那次会议可以总结出来，如果一家企业可以开战略会，那就是一家不错的企业，毕竟战略是个奢侈品。

战略虽然不是一个创业企业的必需品，但我还是要讲战略中的这个部分——战略效率。我要谈的是战略中最重要的一个判断：规模和效益的关系。

很多创业者问过我一个问题：作为投资人，你觉得我们是应该先做规模，还是先赚钱啊。其背后的意思是，是我们企业多亏损些钱先把规模做大，才能让你这个投资人开心；还是我们企业规模发展得慢一点，快点赚钱好让你这个投资人开心。我认为这个问题至少不应该问我，要问自己。问这个问题，说明对方没有理解自己创业所在的行业，也没有搞明白规模和效益的关系，当然更没有想明白自己所问的问题，而这是创始人必须想明白的一件事。

通俗地讲，规模并不意味着效率。不是所有业务都要同步占领“北上广深”的市场，不是所有业务都要在全国布局，很多时候规模和效率的关系是成反比的。

为了便于大家理解，我举例子。规模效益有三种，叫“三级规模效益理论”。第一级规模效益是三平方千米的规模效益。以外卖平台为例，假如我现在在上海浦东嘉里城，肚子饿了准备点外卖。虽然浦西虹桥有一家我很喜欢的面馆，但我肯定不会点这家面馆的面。因为等面做好了再送过来，想必它已经变成一碗面疙瘩了，而且我也会饿得更厉害。作为消费者，虽然外卖平台为我提供了100万家餐厅选项，但是这跟我肚子饿了要点外卖的需求没有直接关系。我只关心附近三平方千米内有什么，三平方千米内的一两百家餐厅对我来说很重要。对于一家餐厅来说，道理也是一样的。卖家最关心的是在三平方千米送货半径内，外卖平台能为餐厅带来多少订单。即使外卖平台能为全国带来千万张订单，但是也与某家餐厅没有什么关系。所以，买家和卖家关心的都是三平方千米，两者都不会因为平台提供的范围大而支付更多的钱。作为企业创始人要明白，企业必须要在每个三平方千米内赚钱盈利。千万不要忽悠投资人说，每一个三平方千米内不赚钱，但一百个这样的三平方千米合在一起就能赚钱了。这是不可能的，做得越多只会让企业亏损越多。

第二级规模效应是同城规模效应。有家公司想必大家耳熟能详，叫 58 同城。58 同城上提供的最多信息是什么？租房、搬家、找工作。例如，我住在广州市天河区，找一个位于海珠区的搬家公司也可以，有一份位于番禺区的工作我也会考虑。它提供的服务范围不限于三平方千米，而是全城。但是跨地区就没有太大意义了。例如，我在广州市想搬家，有一个特别好的搬家公司在深圳，虽然广州距离深圳并不远，但我也不太可能考虑它。因为不具备协同效应，也不具备规模效应。一家做同城服务的企业在一个城市做得越大、产品越丰富，对于消费者来说越有意义；能为商家提供全城的、更多的订单，对于商家来说越有意义。所以，做同城服务的企业必须在每个城市都赚钱盈利。

如果不盈利，进军更多城市的市场，只会让企业亏损更大。

第三级规模效应即全国规模效应。例如，天猫、京东，它们的物流已经做到了覆盖全国。再者就是全球规模效应，例如沃尔玛，沃尔玛做到了全球采购、全球供货，买得多省得多。理论上，沃尔玛每多开一家店，就能跟供应商多进一点货，进而价格能便宜一点，然后再把大部分便宜惠及消费者。所以沃尔玛的全球布局、全球市场最大，对于消费者来说是有意义的。但为什么沃尔玛在中国做不到呢？因为它的全球采购供应系统在中国没有用，采用的是另外一套供应链，那就比不过我们本土的超市了。我最担心的是企业创始人总是想着要把规模扩展到全国各地。这种错误阿里巴巴也犯过，过早地在全国各地设置办事处。后来马云要求缩回到杭州。阿里巴巴第一次上市的时候，只有两个产品、两个半省的业务，即浙江、江苏和半个广东。依靠中国的两个半省，做出了 300 亿美元的市值。若是业务分散在全国各地，企业创始人视察一次需要跑多个分公司，花的时间长，管理难度也高。聚焦后，密度变高，提升了效率。

了解“三级规模效益理论”后如何应用呢？

回到投资问题上，我一年收到的几百份商业计划书“长”得都很像：A 轮做好一个城市的市场，B 轮做好“北上广深”

的市场，C 轮做好全国 15 个核心城市的市场，然后就戛然而止了。只提增长和规模，却不提效率。其实，并不是所有的商业模式都适合“北上广深”，并不是所有的企业都必须在全国铺开，除非这家企业能达到全国规模效应。

很多人谈聚焦，其实产品聚焦是一方面，区域聚焦则是另一方面。大部分行业效率的核心在于密度——密度做高，效率提升。区域密度提升后，供应商会相对集中，供应链效率会有所提升；运输车可以跑更多的店面，单车的物流配送费用就会下降；品牌也会更容易树立和传播。例如，有一些品牌在广州很有名，到佛山发展就会比较容易，但可能在北京就没有人听说过。口碑营销是最便宜的营销，营销费用降低，进而获客成本降低。所以企业创始人不要着急把企业的规模做大，我们国家一个省的人口数量就相当于欧洲一个国家的人口数量，把几千万人、一亿人的生意做好就足够了。在我国人口、面积、经济总量都很大的情况下，认真做好密度是最好的战略。

其实，每个行业都要找到相应的规模和效率的关系。如果你在做一件正确的事，没有达到规模效益临界点时的亏损，是不可怕的。但过了这个临界点还在亏损，当然会害怕。因为你没有搞明白所在行业的规模和效益之间的关系。

战略是奢侈品。总结如下:第一,不要轻言战略。第二,尽管不轻言战略，但在战略效率这个问题上一定要有所判断。你所在的企业、所在的行业规模和效益的关系是什么，这个问题要搞清楚。

创新效率提升

最后讲创新效率的提升，这一点针对的是有一定规模的大公司。

大公司的创新为什么做不好，很重要的一个原因，是没有还原创业环境。什么是还原创业环境?例如，租房子需要付租金，注册公司工商登记时需要创业者亲自跑一跑，而不是利用公司原有的资源，或由别人帮忙代劳。在阿里巴巴，如果创业者要使用内部资源，那么就要付钱，所有部门按规计价，价格并不便宜。他们一看价格太贵就放弃了，最后依靠自己成功地把公司注册了下来。这些人以后就是全能的创业者，如果他们连工商局的门都找不到，那么他们就不适合创业。

我不太同意做创业孵化器、孵化园区，当然大家在一起做事是可以的，但大公司不能把很多服务都外包掉。工程师凭什么“不食人间烟火”，可以集中精力只做研发呢?

他们为什么不应该去跟工商局打交道？所以在阿里巴巴，我们做到了全方位还原创业环境，人怎么来、钱怎么来、办公楼怎么来、产品怎么来，以及用 VC（风险投资）的方法做内部创新，即采用接近市场化的 VC 方法做内部创投。这样，才有可能把创新做好。战略的一个很大部分是尝试，可以说是试错，也可以说是创新。公司越大，创新效率越低、创新点越贫乏。

我说过，阿里巴巴不是神一样的公司，它也犯过很多错。马云曾经想写一本书，叫“阿里巴巴的 1001 个错误”，到现在还没写出来，估计他还没有凑齐 1001 个错误。

我们来谈谈阿里巴巴犯过的错。从 2006 年到 2007 年，阿里巴巴想做一个软件公司叫“阿里软件”。马云提出“让中小企业一天付一块钱使用世界级的企业软件”，这个梦想很好。阿里巴巴有雄厚的基础，那时已经拥有几十万个付费的中小企业，也有非常优秀的技术团队，所以觉得做这件事水到渠成。布局时，选了阿里巴巴 B2B 业务的 CTO（首席技术官），既懂中小企业技术又好，然后投资两亿元。

公司做了两年不了了之，没有成功。所有人坐下来复盘，分析为什么失败了。原因之一是，做这件事的领军者不是自告奋勇的，而是由公司任命的。在很多公司里，有些创新项目，老板会指定某些员工去做。例如，某位老板觉得小王表现得不错，指定小王带领其他员工做一个创新项目。小王迫于老板的权威答应了，但其实心里觉得这件事不靠谱，没有信心，只是不好说出来。反思自问，作为创业者，当年自己创业是别人任命的吗？不是。所以创新、创业，必须有自我驱动力，从心底里认为这件事是靠谱的。

原因之二是，阿里巴巴给软件公司投的钱太多了，一下子给了两亿元。钱一多人就会变“傻”，创业没有资金的时候是创业者最聪明的时候。钱多的时候，选定的负责任的团队能为老板负责，追求投资回报率、投入产出率。但没钱的时候，创业者就不会去想投入产出率，因为想要的是不投入也有产出，所以这时候是创业者最聪明的时候。

后来，阿里巴巴又做了一个项目，这个项目叫“阿里妈妈”。马云起的这种怪名字很多，他觉得阿里巴巴有“爸爸”没“妈妈”挺孤单的，所以很早就把“阿里妈妈”的商标注册了，哪天想用时就从箱底里拿出来用。所以，从名字上就可以知道到“阿里妈妈”项目有多重要。

“阿里妈妈”项目是什么呢？它是个广告系统，例如，淘宝 / 天猫直通车、钻石展位、淘宝客联盟等。当时淘宝不赚钱，不知道怎么盈利。后来认为还是做广告靠谱，但当时公司内部没有互联网广告“基因”和技术，也没有专业的团队。怎么办呢？于是打算买一家公司。这家公司报价 10 亿美元，阿里巴巴想买但没有那么多钱，结果被别家公司买走了。后来阿里巴巴融资 17 亿美元后，又去找买了那家公司的人，出价 10 亿美元。对方听说阿里巴巴融资了 17 亿美元，遂开价 15 亿美元。因为对方看的不是公司值多少钱，而是买方口袋里有多少钱。

阿里巴巴觉得不妥，辛辛苦苦融回来的资金在口袋里还没有捂热，报价太高买不起。大家不要觉得阿里巴巴财大气粗，即使手上握有 17 亿美元，也不敢干花 15 亿美元的事。但创业没有退路，买不到就自己做，就这样，我们决定创建“阿里妈妈”。

阿里巴巴当初愿意花 10 亿美元购买的项目，后来由自己做成功了，今天淘宝 70% 左右的收入都跟“阿里妈妈”有关，作用非常大。当时我们讨论打算花多少钱来做这个项目，马云伸出了两根手指。因为阿里巴巴曾愿意花 10 亿美元购买公司，所以一位高管以为马云指的是两亿美元。马云说:“不，太多了。”旁边另一位高管说:“两亿人民币。”马云又说：“不是。”我站起来说：“2000 万元人民币总是要的吧。”马云回答：“200 万元人民币。”

马云的算法跟我们的不太一样。他说:“1999 年的时候，我们十几个人凑了 50 多万元，把阿里巴巴做到了 2008 年的规模，上市部分的市值有两三百亿美元。我充分考虑到了中国的通货膨胀情况，认为2008年的200万元比1999年的50万元还值钱。如果当时的50万元可以做出阿里巴巴2008年的规模，那现在的200万元应该也能做成阿里妈妈。”他的算法是不是不讲道理？

如果公司投资两亿美元，估计会有很多人愿意做这个项目，但是只投资200万元，谁愿意做呢？这样就不能找人谈话指定了，谈出来的人是不靠谱的，所以我们在一定范围内让大家报名。报名的时候就宣布，公司只投资200万元，创业者可以参与投资，投资其中的20%—30%，也就是200万元中的40万—60万元。如果是公司内部的员工，在公司内部原有的级别、工资和股权要全部拿掉。这种做法背后的逻辑是，没有人可以带着“安全带”和“降落伞”创业，这就相当于把创业者的后路切断了。假如“阿里妈妈”项目失败了，那么员工原来的职位不会被保留，需要重新应聘，但存在不会被公司重新录用的可能，那员工只能到外面找工作、自谋生计，之前的股权、期权也都没有了。如果“阿里妈妈”项目做好了，那公司会用风险投资的方法追加投资，最后可以和淘宝换股合并。既有重赏也存在巨大风险，还是有几个胆子大的人出来主动请缨了。

胆大的人认为，这样做其实挺好。如果公司投资两亿美元，让创业者投资 20% 左右，他们拿不出这么多钱。但凑出四五十万元，投资占比 20% 左右还是不错的。

这些创业者虽然胆子大，但刚开始做的时候还是傻眼了，因为这 200 万元里包括了所有东西。如果用公司的办公室，要付租金；用公司的律师帮忙做工商登记、写合同，要收费；用公司的电脑，要购买；还要自行支付员工的工资。条件实在太苛刻了，所以创业者们做的第一件事就是找马云，把马云之前创业时在湖畔花园的空房子免费争取了下来，节省了办公室的租金费用。然后几个高管商议，创业公司里总有职务级别相对较高的人，这几个人就暂时不领工资了，否则他们一领薪水，200 万元就所剩无几了，反正大家也都投资了。再者，公司的员工人数也不能太多，所以人工成本也节省了一部分。

第一关、第二关过了，第三关又出现了问题。当时认为公司投资两亿元人民币是必要的，因为“阿里妈妈”是个广告平台，做广告需要流量。阿里巴巴的流量和站外流量要在自己的服务器平台上跑一遍，才能加配广告卖出。

当时计算这个项目需要 5000 台服务器，那时的服务器大概 2 万元一台，只服务器一项就要投资 1 亿元，200 万元连租都租不起。所以那群创业者在公司里到处找服务器，比如，像财务部门折旧报废的这种，一共找到了 2700

台，这些服务器很多都是之前雅虎留下的。其实，公司里有很多闲置的物资，只是没人上心。

虽然工程师都不喜欢用旧的东西，但是被逼上了绝路后，有旧的总比没有好。那群创业者再次找到马云，询问这2700台服务器能不能赠予他们。马云让他们找到了当时的CFO，CFO的回复是：账面上不值钱的服务器可以免费使用，账面上值钱的部分要付钱。经查，账面上没有一分钱，所以那群创业者被允许免费使用这些旧服务器。

原本需要5000台新服务器，最后只找到了2700台旧服务器。但工程师是有创造力的，他们搭建的架构让2700台旧服务器起到了5000台新服务器的作用。第三关也过了，但还是不行，因为“阿里妈妈”除了需要淘宝内部的流量外，还需要外部流量。当时，外部流量已经被其他公司包掉了，或者被百度联盟圈了进去，需要创业者去抢、去购买。但200万元的投资太少了，连几个小时的流量都买不到。没有外部流量事情就做不起来，创业者们拿出了“光脚的不怕穿鞋的”本领，反正自己的创业成本很低，办公室不要钱、人工费用不高、服务器不要钱，能养活自己就是胜利。当时百度联盟的分成是四六开，产生的流量，网站拿40%，百度拿60%。创业者们准备“砸场子”，宣布了一项规则，“阿里妈妈”和网站的分成比例是5∶95，即“阿里妈妈”拿 5%，网站拿 95%；条件是没有预付款，有账则分账。马克思说过：“资本如果有 50% 的利润，它就会铤而走险。”不管怎样，网站原来只能拿 40%，现在有机会拿 95%，所以很多网站想挑战一下百度，悄悄地挂上了“阿里妈妈”投放的接入广告，一下子就起到了淘宝联盟的颠覆性作用。

最后“阿里妈妈”项目成功了。公司后续追加了投资，项目回归、合并到了淘宝，几个创业者拥有的股份也折算成了淘宝的股份，他们都成了千万富翁。

“阿里妈妈”的成功，首先，源于我们让它回到了创业的原始环境中，回到了“马云的家”，只有 200 万元，只能整天谋划着做“无本生意”。那个时候我曾想，这群创业者以工程师为主，如果成立公司，他们连工商、税务都不了解，所以要不要让公司的法务部、财务部去帮他们办理。马云说：“别去，我最讨厌所谓的孵化器、孵化工厂了，这样做好像让工程师变成了圈养动物，创业者应该是野生动物。谁说工程师不应该学着办理工商登记？谁说工程师不应该学习税务？工程师也得具备这样的能力，他们必须自己去，这就是生存能力。不能把这些事务外包掉，否则他们就不是野生动物，而是圈养动物。”我们知道，圈养的动物比如猪、羊，出圈后是要被宰杀的，而野生动物是靠捕食其他动物为生的。

其次，采用内部创投的方法。当时我跟马云说："如果投资200万元做不成功怎么办？"他说："投资两个亿输一次，我们就不敢乱来了。但200万元做100次，总会有一次成功吧，不就是200万元一次吗？"所以采用创投的方法，才能提高创新效率，提高创新的成功率。同时，有公司、有组织就会有风言风语，创投的方法让公司回到了公平公正的环境中。假如公司用两亿美元把项目做成了，那么一定会有风凉话："那个人跟马云关系好，给我两亿美元我也能做成这样，给我一亿美元就行了……"不难想象，这种风凉话在所有公司都会有，阿里巴巴自然也不例外。假如投资两亿美元没有做成项目，那风凉话就会更难听了："因为跟马云关系好，给他投资两亿美元，结果都没做成……"但是如果公司只投资200万元，创业者还要把自己的职级、股权扔了，把工资停了，这样还会有人说创业者跟马云的关系好吗？以前在阿里巴巴有句玩笑话，说："我就是认识马云晚了，我要是在1999年跟马云一起创业，那现在身价也得……"这种论调还是挺难消灭的。反过来说，你在1999年不认识马云没有关系，2007年做"阿里妈妈"项目时怎么没有见你报名呢？

阿里巴巴在提高创新效率上应该说成功率是非常高的，

从 B2B 业务到淘宝，从淘宝到支付宝，从支付宝到阿里妈妈，从阿里妈妈到阿里云。当然也有失败的案例，例如阿里软件。凡是还原了创业环境，那么成功率就高；凡是有点大公司做派，那么创新的失败率就高。什么是大公司做派？公司任命一个能力很强的人，公司抽调一个团队，公司组织资金，公司提供资源，这些就是大公司做派。

总结一下，要想创新成功，就要还原创业环境，模拟创投方法，因为创投是一个随着风险释放而逐步加大资源投入的方法，不是一下子把所有资源投入进去。创新效率低下不仅是对钱的浪费，也是对公司战略机会的浪费。

马云曾经说过，他最怕三类人当 CEO：第一，怕上海人；第二，怕读过 MBA（工商管理）专业的人；第三，怕 CFO。三个条件我都符合，不仅我符合，后来接任阿里巴巴 CEO 的张勇也符合，接任蚂蚁集团 CEO 的井贤栋基本上也符合。很奇怪的一个现象是，马云当年最怕 CFO 当 CEO，那为什么 CFO 最后都走上了 CEO 的岗位？因为 CFO 对效率比较重视，阿里巴巴内部讲究效率为王，这些 CFO 都为公司设置了很优秀的效率指标。

所以我认为，一个公司最好的“工具”是好财务而不是好会计。我的意思并不是把人当作工具，只是强调公司一定要有热爱业务的财务。我就是一个热爱业务的 CFO，我做CFO后第一次跟团队交流时，跟大家说："你们都知道CFO是控制风险的，但我想告诉你们，公司最大的风险是没有营业额、没有销售。"顿时台下响起一片掌声。没有营业额，何谈风险可控？我认为一个好的企业创始人，应该尽早找到一个高水平配置的CFO，即超过你当前所处阶段所需的CFO。我相信马云一定认可这个观点。蔡崇信是我们非常尊重的前辈，当阿里巴巴只有几十个人的时候，就有这么一个世界级的CFO在里面。所以找CEO还不如先找一个CFO，找CFO不能用"N的扩略法"，即找比你的水平低、不适配目前公司规模的人；找CFO要超前、提前配置，因为一个好的CFO是能够帮助创业者控制好公司效率的。

我觉得没有比这个更重要的工具了。

最后，我给大家布置一个作业，是三个问题：第一，请问你们公司最重要的效率指标是什么？第二，你们创业所在的行业和公司，其规模和效益的关系是什么？你们公司是哪一级的规模效益公司？第三，盈亏平衡的最佳突破点是什么，为什么？

如果这几道题目做对了，虽不一定能保你享有荣华富贵，但能保你一辈子平安。